日本ヴィーガン協会公式

ヴィーガン
レストランガイド

東京

監修　日本ヴィーガン協会

JAPAN
VEGAN
SOCIETY

日本で過ごす、日本で暮らす、日本に生きる、
ヴィーガニストのために

MESSAGE by *Mayumi Muroya*

　　　日本ヴィーガン協会代表の、室谷真由美です。

　　　私たちは、日本でヴィーガンライフを志す方の助けになりたいという思いで活動を続けています。その中で、外食時にどこへ行けばよいのかわからないという声が多くあり、いつか、まとめたお店の情報を提供したいと考えていました。

　　　利用すれば環境保全にも貢献できるというアプリ「Bene」と提携し、私たちが認証しているお店をガイドブックにしようということで動いていたところへ、今回、素敵なお話をいただきました。この本は、10年以上の歳月の中で収集してきた情報を、皆さんにもご活用いただきたいという思いで編纂したガイドブックです。

　　　今回は東京版（＋横浜）ということで、東京23区を中心に94軒のお店をご紹介しました。しかし、ヴィーガンのためのメニューを用意しているお店は、まだまだ紹介しきれないほどあります。ヴィーガンというライフスタイルに対するニーズが高まる中、これからも有益な情報を皆さんにお届けしたいと思います。

　　　このガイドブックを制作するにあたり、多くの方々のお力添えをいただきました。この場をお借りして、心より、感謝いたします。本当に、ありがとうございます。

特定非営利活動法人 日本ヴィーガン協会
代表　室谷 真由美

次世代に続く、
持続可能なライフスタイルを目指して

日本ヴィーガン協会は、日本のヴィーガン業界を下支えしたいという思いから、ボランティア団体として発足しました。そして、ヴィーガンだけでなく、さまざまな食文化を互いに認め合い、話し合い、協調し合う場を提供するために、当協会を通じて支援したいと活動を続けています。

私たちは、それぞれの立場で運営している各団体と、仲間として情報を共有し、その輪を拡散しながら、大枠としてひとつの方向性を見出していく方法を模索するために努力しています。仲間たちとともに、どこよりもヴィーガンがおいしい国＝日本、「ジャパニーズヴィーガン」のすばらしさを世界へ発信し、訪日外国人に日本のヴィーガン情報を届け、日本のヴィーガンの皆さんに、よりヴィーガンライフを送りやすい環境を作っていくこと。健康のため、環境のためによい食事であることの周知に努めることが、日本ヴィーガン協会の役割だと考えます。

― 活 動 内 容 ―

1. ヴィーガンをわかりやすく

☑ 自治体や企業へヴィーガンの理解度を高めるため、ヴィーガンに関する講演会を行なっています。

☑ ヴィーガン対応であることをわかりやすくする認証マークを普及しています。

☑ どこでヴィーガンフードを食べられるかをわかりやすくするため、アプリBeneと連携。情報を提供するとともに、ヴィーガンの人が暮らしやすくなる環境を整備しています。

2. 子どもたちへ

☑ 食育や環境問題への啓蒙を行い、その一環として学校給食へヴィーガンオプションの展開を進めています。

3. 動物たちへ

☑ 動物愛護団体へ寄付を通じて活動を支援し、自然保護団体、教育機関とも連携をして啓蒙活動を進めています。

ヴィーガンとは？

　ベジタリアンは菜食主義を表す総称で、ヴィーガンはその中のひとつです。ベジタリアンにもさまざまな種類がありますが、ヴィーガンは厳格に動物肉、魚介類、卵、乳製品、はちみつなど動物性由来のものを一切口にしません。

　ヴィーガンという思考を、健康のために取り入れる人もいれば、厳格にライフスタイルとして実践する人もいます。環境に配慮するために、ポール・マッカートニーが推奨して話題となった「フリーミートマンデー」など、曜日や日にちを決めて取り組む人もいます。

食の思考の種類

	動物肉	魚介類	卵	乳製品	五葷	果物	アルコール
ヴィーガン	×	×	×	×	○	○	△
ラクト・ベジタリアン	×	×	×	○	○	○	○
オボ・ベジタリアン	×	×	○	×	○	○	○
ラクトオボ・ベジタリアン	×	×	○	○	○	○	○
ペスコ・ベジタリアン	×	○	○	○	○	○	○
オリエンタル・ベジタリアン	×	×	×	×	×	○	△
マクロビオティック	△	△	△	△	○	△	△
フルータリアン	×	×	×	×	×	○	×
ローフード	×	×	×	×	○	○	△
ハラル	△	△	△	△	△	△	×

※△＝積極的に摂取することを推奨しない
※ハラルはイスラム教の宗派や地域によって制限の範囲が異なるため、この限りではありません

　ヴィーガンの食の規範に添っていれば、大概の食に対応することができます。ここに精進の要素（五葷抜き＝ネギやニンニクなど刺激の強いものを使用しない）、ハラルの要素（アルコール不使用）が加われば、すべての食の規範を網羅することが可能といっても過言ではないでしょう。さまざまな背景を持つすべての人が、ひとつのテーブルを囲んで食事をすることができます。

　多様化する価値観の中で、平和で穏やかな時間のためにできることのひとつ。それがヴィーガンスタイルの食事が持っている力です。

ヴィーガン認証について

　各店から日本ヴィーガン協会にお問合せのあった場合は、ヴィーガン認証協会を通じて審査し認証されます。日本ヴィーガン協会として正式に提供しているマークは、現時点でヴィーガン認証協会とヴィーガン店・商品検索アプリBeneで使用されている共通のものです。

☑ 飲食店のヴィーガン認証「Vegan info」の基準

　ヴィーガン専門店には「All Vegan」、ヴィーガンメニューを常設している店には「Option」のマークを配布し、日本ヴィーガン協会が認定したことを表しています。

　その条件として、まず材料に肉・魚・乳製品・はちみつを使用していないこと。パンにバター、牛乳、ラード、卵、ショートニング等動物性成分を使用していないこと。調味料、ドレッシングに「ポークエキス」「牛脂」「ラード」等動物性成分が含まれていないこと。提供に動物の皮膚や骨などの主成分であるコラーゲンから抽出しているゼラチンが含まれていないこと。メニューのだしやスープはすべて植物性であること。そして、サラダや果物等、そのまま食べる食品に用いるまな板と、肉や魚等に用いるまな板は、使い分けがされていること、もしくは調理器具を洗浄していることを求めています。

　また、必須ではありませんが、協会が提供する店舗情報等でも表示する条件として、精製する際に動物の骨炭を使用している可能性が高い白砂糖については、代用品を使用していることをチェックする場合があります。

ヴィーガン 専門店用マーク	All Vegan	
ヴィーガンメニューの 用意がある店舗用マーク	Option	

Contents

Contents

Column

監修

**特定非営利活動法人
日本ヴィーガン協会**

次世代への持続可能なライフス
タイルを目指し、日本のヴィーガ
ン業界の発展を目的に設立された。
モデル・ビューティーフード研究
家としても活動する代理理事の室
谷真由美氏をはじめ、「食の大切
さ」を伝える活動を行い、「ジャ
パニーズヴィーガン」発展のため
に尽力している。

●本誌掲載のデータは2021年6月現在の
ものです。発行後に、料金、営業時間、定休日、
メニュー等の営業内容が変更になることや、
臨時休業等で利用できない場合があります。
また、各種データを含めた掲載内容の正確
性には万全を期しておりますが、営業状況
などは、大きく変動することがあります。お
でかけの際には電話等で事前に確認・予約
されることをお勧めいたします。なお、本誌
に掲載された内容による損害等は弊社では
補償いたしかねますので、予めご了承くださ
いますようお願いいたします。
●本誌掲載の料金は、原則として取材時点
で確認した消費税込みの料金です。ただし
各種料金は変更されることがありますので、
ご利用の際にはご注意ください。
●交通表記における所要時間はあくまでも
目安ですのでご注意ください。
●定休日は原則として年末年始・お盆休み・
ゴールデンウィーク・臨時休業を省略して
います。
●本誌掲載の利用時間は、原則として開店
（館）〜閉店（館）です。ラストオーダー
や入店（館）時間は、通常営業（館）時刻
の30分〜1時間前ですのでご注意ください。
ラストオーダーはLOと表記しています。

本書の地図がスマホで見られます！

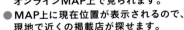

Googleマイマップにアクセス

●本誌に掲載の全スポットが
オンラインMAP上で見られます。
●MAP上に現在位置が表示されるので、
現地で近くの掲載店が探せます。

●スポットの掲載位置は2021年6月現在のものです。 ●当コンテンツ
はGoogleマイマップを利用したサービスです。本サービスの内容によ
り生じたトラブルや損害については弊社では補償いたしかねます。予め
ご了承の上ご利用ください。 ●お使いの端末や環境によっては動作保証
ができないものがあります。 ●オンラインでご利用の際には、各通信会
社の通信料がかかります。 ●Googleマイマップで表示される、物件の
電話番号や住所等の情報は、本誌に掲載の情報と異なる場合があります。
あくまで目安としてお使いください。 ●本サービスは予告なく内容を変
更することや終了することがあります。

☑ 本書の見方

　掲載店の人気の料理、イチオシの料理を紹介。ヴィーガン専門店か、オプションメニューとしてヴィーガン対応のものがある店か、グルテンフリーやノンカフェインなど、ひと目でわかるアイコンで掲載。

店名

エリア

イチオシ！メニュー

最寄駅名

All Vegan / Option

アイコン
該当項目は緑色表示

店舗のデータ

☑ アイコン

ヴィーガンの食規範に準ずるメニューのみ提供している店。

ヴィーガンの食規範に準ずるメニューを提供している店。

Gluten Free　グルテンフリー

GMO Free　遺伝子組換食品不使用

Sugar Free　白砂糖不使用

Alcohol Free　アルコール不使用

Caffeine Free　ノンカフェイン

Oriental Vegan　五葷抜き（精進）のヴィーガン対応

●グルテンフリー＝菜食で制限されませんが、健康上の理由等からグルテンを気にする人が多いため掲示。
●遺伝子組換食品不使用、ノンカフェイン＝不自然なものを口にすることを避けたいと考える人が多いため掲示。

●白砂糖＝精製の過程で動物の骨炭を使用しているケースがあるため掲示。
●アルコール、五葷抜き＝ハラルの方や、宗教上（特に仏教系）の方も安心して食べられるように掲示。

今注目の
ヴィーガン店10選

東京でヴィーガン料理を
食べに行くなら、まずはココから！
特におさえておきたい、
今注目の10店をご紹介します。
おいしくて彩りも華やかな
料理の数々を楽しんで。

世界中のヴィーガンが、
美食同源の和食を
目指して集う

Menu

うな重
1430円

精進料理などで見かけるウナギもどきとは一線を画すクオリティ

菜道

菜道

菜道

Menu

おん齋麺
1430円

ヴィーガンエッグの完
成度がすばらしく、ま
るで本物を食べている
かのよう。麺は5種類
から選べる

菜道

さいどう

今注目の
ヴィーガン店10選
01/10

Gluten Free	Alcohol Free	GMO Free	Caffeine Free	Sugar Free	Oriental Vegan

　2018年に営業を開始し、2019年には世界のヴィーガン・ベジタリアンが利用するサイト「Happy Cow」で、世界一の座に輝いた菜道。ユネスコ無形文化遺産となった和食をベースに、アイディアとユーモアにあふれた料理を創作し提供している。自由が丘の閑静な住宅街にあり、緑のアプローチが美しい、ゆったりとした空間が魅力のレストランだ。

　コースの仕掛けが楽しいのはもちろんのこと、アラカルトやスイーツもそのしつらえが凝っており、外食も娯楽のひとつであることを改めて認識する。遊び心たっぷりの料理は、舌や腹だけでなく、心も満たしてくれる。

緑あふれる環境

**ブルーベリーヴィーガン
チーズケーキ　605円**

植木鉢風の器とスコップ型
のスプーンで

静かで落ち着いた空間
で会食できる

Shop Information

[電] 03-5726-9500
[住] 目黒区自由が丘2-15-10　[交] 東急線自由が丘駅より徒歩5分
[時] ランチ 12:00 〜 15:00（14:00LO）、ディナー 18:00 〜 22:00（21:00LO）
[休] 水曜

Take out **Delivery**

長年に渡り、
植物性食品の「おいしい」を発信し続ける

Menu

福禄寿BENTO
3470円
（休日3800円）

AIN SOPH.の「おいしい」が一度に楽しめる弁当スタイルのランチ（玄米、スープ付き）

Menu

**天上のヴィーガン
パンケーキ
2050円**

一番人気のパンケーキ。
冷凍パンケーキセット
（5184円）はオンラ
インでも購入可能

AIN SOPH.GINZA

Menu

**ヴィーガン
花ちらし弁当
（五葷抜き）1500円**
オンラインで決済後、
店頭受取のみの販売

AIN SOPH.GINZA

All Vegan

アイン ソフ ギンザ

Gluten	Alcohol	GMO	Caffeine	Sugar	Oriental
Free	Free	Free	Free	Free	Vegan

　和モダンの雰囲気が漂う AIN SOPH.GINZA は、歌舞伎座のすぐ脇にあり、その雰囲気によく似合う。高校生のときにホームステイ先の家庭がベジタリアンだったことや、その後さまざまな人との出会いをきっかけにヴィーガンレストランを始めたというオーナーの白井さん。食と命の大切さを見つめ、家庭で食べるような心をこめた料理をヴィーガンとして提供したいという想いで、メニューを考案してきた。バターやチーズのつくり方を YouTube で公開するなど、ヴィーガンに役立つ情報も発信している。

　東銀座本店の他、姉妹店として AIN SOPH. journey（新宿三丁目）、AIN SOPH. soar（池袋）、AIN SOPH. journey KYOTO（京都）も。各店の違いを楽しみたい。

コンクリートとグリーンがマッチしたスタイリッシュな外観

手土産に人気のプリンとティラミス（各660円）はカフェタイムのみドリンクセット（1450円）でイートインが可能

ゆったりくつろげる落ち着いた雰囲気の店内

Shop Information

［電］03-6228-4241　［住］中央区銀座4-12-1 とりやまビル1F
［交］地下鉄東銀座駅より徒歩1分　［時］ランチ11:30〜15:00（14:30LO）、カフェ14:30〜17:00（16:00LO）、ディナー18:00〜21:00（20:00LO）
［休］不定休

Take out　Delivery

スタイリッシュな雰囲気の中でいただく、
日本美のフレンチ

Menu

**restaurantRK /
MONTHLY DINNER
COURSE　7150円**

毎月変わるシェフのお
まかせコース。5月の
メインはホワイトとグ
リーンのアスパラガス

Menu
9品からなるコースのメ
ニューは、旬に合わせて
毎月移り変わるのも魅力

今注目の
ヴィーガン店10選
03/10

REVIVE KITCHEN THREE AOYAMA

Option

リヴァイヴ キッチン スリー アオヤマ

| Gluten Free | Alcohol Free | GMO Free | Caffeine Free | Sugar Free | Oriental Vegan |

　都会の中にありながら、喧騒の世界を忘れさせてくれる空間が魅力。人に備わっている感覚を呼び覚ますかのような繊細な料理が評判で、ラクトオボ・ベジタリアンが楽しめる食事を主体に、ヴィーガンやグルテンフリーのメニューが用意されている。

　旬の食材をふんだんに使って巧みに飾り付けられた料理の数々は、四季折々の里山を散策しているような気分に浸れ、清々しい。皿の上に並べられる食材の一つひとつが絶妙に配され、美しく、絵画的。夜はrestaurant RK（レストラン アールケー）と名を変え、静かな夜を演出する。ゆったりとした空間の中で、研ぎ澄まされた料理を楽しみたい。

大きな窓が印象的な、
開放感のある空間

青山通りから少し入ったとこ
ろにあり、周囲になじむ建物

Shop Information

[電] 03-6419-7513　[住] 港区北青山3-12-13 THREE AOYAMA 1F
[交] 地下鉄表参道駅より徒歩2分　[時] ランチ11:00 〜 15:00（14:00LO）　ディナー18:00 〜 22:00（21:00LO）土・日曜、祝日11:00 〜 22:00（20:00LO）
[休] 火曜

Take out　Delivery

生産者の顔が見える、
カフェ＆レストラン

Menu

**ヴィーガンロコモコ
1859円**

人気のハワイ料理ロコ
モコをヴィーガンで。
大豆ミートのハンバー
グと大豆のマヨネーズ
を使った目玉焼きで、
見た目も本格派

Mr. FARMER

日比谷

Mr. FARMER

ミスター ファーマー

Option

Gluten	Alcohol	GMO	Caffeine	Sugar	Oriental
Free	Free	Free	Free	Free	Vegan

Mr. FARMERのメニューは野菜が主役。シェフが選んだ全国約100軒の生産者から厳選素材が店舗へ届く。生産者の思いのこもった食材で可能な限りオーガニックを選び、健康的で環境にも優しく、そしておいしい食事を提供することを心がけているという。欧米ではライフスタイルの選択肢のひとつとして定着しているヴィーガンメニューを取り入れ、アメリカ西海岸スタイルの料理を提供している。

日比谷店のほか表参道、新宿、駒沢、恵比寿、横浜、木更津にも店舗があり、体にやさしい料理を駅から近い場所で楽しめるのもうれしい。店舗により少しずつメニューが異なる場合もあるので、チェックしてみよう。

入店の際にいただく水は、数種類のデトックスウォーターから選べる

開放的でセンスのよい
空間は男女問わず人気

ヴィーガンバーガー
アボカド＆テリヤキ
ソース　1859円

味や食感を追求して作
られている

Shop Information

[電] 03-3519-3066　[住] 千代田区有楽町1-1-2 東京ミッドタウン日比谷B1F HIBIYA FOODHALL
[交] 地下鉄日比谷駅より徒歩1分、またはJR有楽町駅より徒歩5分
[時] 11:00 〜 22:00（21:00LO）
[休] ※東京ミッドタウン日比谷に準ずる

Take out　Delivery

Menu

雑穀コロッケと
お野菜ローストの
スパイシーカレー
平日ランチ1100円／
平日ディナー、土・日
曜、祝日1600円

雑穀のコロッケは食べ
ごたえ満点。スパイシー
なカレーとよく合う。ラ
ンチはドリンク付き

体の調子を整えて、
内側からきれいになる、
おいしい料理

今注目の
ヴィーガン店10選
05/10

CHAYA Macrobiotics （Option）

チャヤ マクロビオティックス

| Gluten Free | Alcohol Free | GMO Free | Caffeine Free | Sugar Free | Oriental Vegan |

　江戸時代から続く葉山の老舗料亭「日影茶屋」から誕生したというCHAYA Macrobiotics。現代に至り「食べてきれいになる、オーガニックな生き方」をコンセプトにしている。有機栽培の農産物にこだわるなど8つの原則をモットーに、体にやさしい食材をふんだんに使って、おいしい料理に仕上げて提供。店で食べられる料理を家庭でも、ということで、油の選び方を教えてくれたり、店で作っているレシピを公開してくれたりするのも魅力。2011年以降、汐留の店舗のほか、新宿伊勢丹、日比谷シャンテ、新潟万代、羽田空港などにも出店し、活動の幅を広げている。

古代小麦アインコーンパンケーキ 1300円

ティータイムに人気

中の様子が入口からでもよく見え入りやすい

天井が高く開放的な店内

Shop Information

- [電] 03-3573-3611
- [住] 港区東新橋1-6-3 ザ ロイヤルパークホテル アイコニック 東京汐留1F
- [交] 地下鉄・ゆりかもめ汐留駅より徒歩1分、またはJR新橋駅より徒歩3分
- [時] 11:00 〜 21:00（20:30LO）　[休] 無休

Take out **Delivery**

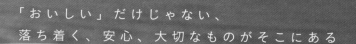

「おいしい」だけじゃない、
落ち着く、安心、大切なものがそこにある

Menu

**焼きヴィーガン
チーズカレー（タイ風）
1350円　（写真上）**

とろけるヴィーガンチー
ズの下から出てくる本
格派マッサマンカレー。
ミニサラダ付き

Menu

**パエリアラザニア
1350円　（写真下）**

ミニサラダ付き。ソ
イミート（＋220円）の
トッピングもできる

T's Restaurant

ティーズ レストラン

今注目の
ヴィーガン店10選
06/10

Gluten Free	Alcohol Free	GMO Free	Caffeine Free	Sugar Free	Oriental Vegan

T's Restaurantが創業時から大切にしてきた「T」から始まる言葉。大気、太陽、大切、友だち……たくさんのTに縁を得て名付けた店名だという。T'sレストランでは、安心しておいしいものをたくさん食べられるよう開発されたヴィーガンメニューを、旬の食材をふんだんに使って提供している。ラザニアやパフェなど、洋食メニューが特に人気なのだとか。

この店で開発された担々麺の「T'sたんたん」は、東京駅や上野駅、池袋駅でも食べることができる。ヴィーガンとは気付かない人も多く、味も確かな定番メニューとなっている。

広々とした店内は、家族連れでも利用しやすい

担々麺　1300円
東京駅などにある
「T'sたんたん」で
もいただける

**季節のパフェ
920円**
月ごとにフルーツが
変わる

Shop Information

[電] 03-3717-0831　[住] 目黒区自由が丘2-9-6　Luz自由が丘B1F
[交] 東急線自由が丘駅より徒歩3分
[時] ランチ 11:00～15:00、ティー 15:00～17:30、ディナー 17:30～22:00（21:00LO）
[休] 無休

Take out **Delivery**

こだわりのある生産者と、
意識のある消費者をつなぐ

**本日のクリーン
イーティング
ビュッフェ
2178円**
新鮮な野菜をたっぷ
り食べられる人気の
ビュッフェ

今注目の
ヴィーガン店10選
07/10

恵比寿

Cosme Kitchen Adaptation （Option）

コスメ キッチン アダプテーション

Gluten	Alcohol	GMO	Caffeine	Sugar	Oriental
Free	Free	Free	Free	Free	Vegan

　オーガニックの力あふれる野菜をたっぷり食べることができると人気の店。スーパーフードや発酵食品とともに、おいしいものを健康的に食べる料理を提供している。開発されてきたメニューの数々は、満足感のある食事を客へ提供するために並々ならぬ情熱を注いで完成されたもの。ビュッフェスタイルでオーガニックのおいしい野菜をしっかり摂ることができるため、常連も多くオープンするとすぐに席がうまってしまう。

　女性のライフスタイルを支えるコスメ・ファッション・食で、内と外側から女性が好きなものを追求する Cosme Kitchen が運営するカフェレストランは、ワンコインバルも併設。表参道ヒルズにもあるので、併せて楽しみたい。

安心、安全の食材も
販売されている

ジューシーソイミートの油淋鶏風VEGEからあげ丼1738円
ボリューム満点で男性人気も高い

店内の中心に木が据えられ、その下にビュッフェの料理が並ぶ

Shop Information

［電］03-5475-8576　［住］渋谷区渋谷恵比寿南 1-6-1 アトレ恵比寿 西館 2F
［交］JR恵比寿駅直結、または地下鉄恵比寿駅より徒歩1分
［時］10:00 ～ 23:00（22:00LO）
［休］不定休　※アトレ恵比寿に準ずる

Take out　Delivery

食制限のある人にも、
和食の世界を堪能してほしい

割烹 伊勢 すえよし

割烹 伊勢 すえよし

かっ ぽう いせ すえよし

Option

今注目の
ヴィーガン店10選

08/10

Gluten Free	Alcohol Free	GMO Free	Caffeine Free	Sugar Free	Oriental Vegan

　国内外の需要を感じ、ヴィーガン懐石コースの導入を決めた伊勢すえよし。和食には必ずと言っていいほど、鰹節などの魚介系のだしが使われているが、ヴィーガンの人にもユネスコ無形文化遺産となった和食の世界を安心して堪能してほしいという思いで精進だしの研究を重ね、メニュー開発に励んでいる。また、新たな取り組みとして、月に1回、ヴィーガン懐石イベント「週末菜食のススメ」を開始。精進だし、植物性食材のみでできるヴィーガン懐石を、普段よりリーズナブルに楽しめると評判だ。日本の魅力がたくさん詰まっている懐石料理を通じて、新たなヴィーガンの世界を堪能したい。

対面のカウンター席
5席と個室6席

のれんをくぐると
カウンターからお出迎え

Shop Information

[電] 03-6427-2314　[住] 港区西麻布4-2-15 水野ビル3F
[交] 地下鉄広尾駅より徒歩8分
[時] 12:00 〜 22:00 （21:30LO）
[休] 不定休

Take out　Delivery

Menu

ランチコース 2800円

前菜9品盛り合わせ 〜 SHOKADO9 〜、
滋養麺とブイヨンのレギューム 自社農園
CROSS Farm直送 旬野菜のかき揚げ、メ
インディッシュ（冬瓜と蓮の葉のヴァプー
ル or 大豆ミートのシューファルス ワンダー
ファームトマトのロティ添え）、デザートの4
品。※仕入れの都合により、予約ありとなし
の場合でメニューの内容に変更あり

つくり手の情熱が育んだ、
こだわりのヴィーガンコース

今注目の
ヴィーガン店10選
09/10

赤坂

MOSS CROSS TOKYO Option

モス クロス トーキョー

Gluten	Alcohol	GMO	Caffeine	Sugar	Oriental
Free	Free	Free	Free	Free	Vegan

　世界70都市で展開するサービスアパートメントの「フレイザースイート赤坂東京」の1階に位置。全メニューがコースとなっており、フレンチをベースとしてハーブや薬膳を取り入れた創作料理を楽しめる。

　自社農園や自ら足を運んで見出してきた活力のある食材を使い、おいしい、楽しいだけではなく、身体のことを考えた料理を提供。料理長の増山さんは生産現場で食材へのこだわりが強い人々に影響を受け、ヴィーガンメニューを勉強するようになったという。料理長が提案するモダンジャパニーズの世界は、調和と前衛の均衡を保つ世界観を持ち、これからのジャパニーズヴィーガンを体現する場所として注目される。

サービスアパートメントのダイニングとしても使われている

和モダンな世界観と苔
（MOSS）の調和

コースのデザートは旬
果実と豆腐のムース、
ハーブのジュレ

Shop Information

[電] 03-6441-0781　[住] 港区赤坂5-2-33 フレイザースイート赤坂東京1F
[交] 地下鉄赤坂駅より徒歩7分　[時] モーニングランチ7:00 〜 10:30（10:00LO）※要予約、ランチ11:30 〜 15:00（14:00LO）、ディナー 18:00 〜 23:00（21:00LO）
[休] 不定休

Take out　Delivery

「今日より明日」
前進し続ける食環境を発信する

FARO

ファロ

今注目の
ヴィーガン店10選
10/10

| Gluten Free | Alcohol Free | GMO Free | Caffeine Free | Sugar Free | Oriental Vegan |

エグゼクティブシェフの能田さんとシェフパティシエの加藤さんが織りなすガストロノミーの世界観は、イタリアンをベースにしながら、和モダンの要素が垣間見える洗練された美の世界。流れる川、深い海、青い森のような雰囲気のある店の中で、持続可能な世界を目指して、おいしく、新しい食の世界観を味わうことができる。

外国人観光客が多い場所柄というだけでなく、内側からも美を目指したいという人の選択肢として、ヴィーガンメニューを取り入れたのだとか。食材だけでなく、器やカトラリーにもこだわりが深く、FAROの世界観の演出にひと役買っているので、注目してみたい。

エントランスに一歩足を踏み入れた瞬間、エレガントな雰囲気

クール、スタイリッシュでゴージャス。だが不思議と落ち着く空間

花とハーブがふんだんにあしらわれたプティフールのタルト。今見ることのできる日本の里山をイメージしている

Shop Information

[電] 03-3572-3911　[住] 中央区銀座8-8-3 東京銀座資生堂ビル10F
[交] JR新橋駅より徒歩5分、または地下鉄銀座駅より徒歩7分
[時] ランチ 12:00 〜 13:30、ディナー 18:00 〜 20:30
[休] 日・月曜、祝日、夏季（8月中旬）

Take out　Delivery

ヴィーガンライフで不足しがちな栄養素は、 バランスよく補いましょう

　ヴィーガン食にしたことで、体調がよくなったという話を聞く一方で、体調を崩したという話も耳にします。一概にはいえませんが、菜食という言葉のイメージから、サラダばかりを食べるなどすると、栄養が偏っている可能性が考えられます。偏った食生活は、栄養失調に陥る可能性もあるので注意が必要です。動物性のものから摂取する栄養素は、植物性のものからも摂取できるという研究報告もあるので、バランスよく栄養素を取り入れ、健やかなヴィーガンライフを送りましょう。

　ヴィーガンライフで不足しがちな栄養素は、タンパク質、ビタミンB12、ビタミンD、カルシウム、鉄分、亜鉛、オメガ3脂肪酸の7種類あるといわれています。ここでは、その7種類の栄養素の特徴とその栄養素を多く含む食品をご紹介します。

タンパク質

　3大栄養素のひとつであるタンパク質は、生命維持に欠かせない重要な栄養素です。タンパク質を植物性だけで摂取するには、豆やナッツ、シード（種）を食べることになります。豆腐は水分が多くタンパク質が少ないため、大豆から作られる肉のように加工された食品がベター。ソイミートは高タンパク食材として知られています。

ソイミート	59.3g
カボチャの種	26.5g

ビタミンB12

　細胞の代謝に欠かせないビタミンB12は必須栄養素のひとつですが、基本的に植物性の食品には含まれないといわれています。のりやスピルリナにはビタミンB12が含まれるそうですが、微量過ぎて欠乏の補いにはならないとか。そのため、ビタミンB12に関してのみ、ヴィーガン対応のサプリメントに頼る人も多くいます。サプリメントに頼りたくない自然派の人の中には、川や土に含まれる微生物を口にすることで補うという方法もあります。

ビタミンD

　ビタミンDはサケやイワシなど魚に多く含まれていますが、植物性の食材でビタミンDが含まれているものに、キノコ類があります。ヴィーガンライフにおいては、キノコ類をたっぷり食べ、日光浴を積極的にすることで、ビタミンDの欠乏を防ぐことができます。

キクラゲ（茹で）	8.8㎍
マイタケ（油炒め）	7.7㎍

カルシウム

　カルシウムを含む食品の代表例としてイメージするのは牛乳ではないでしょうか。牛乳の代わりになるのは、ゴマやチアシード、コマツナ、ケール、アーモンド、焼きのりといった食材です。ヴィーガンでない人にも、カルシウムを取り入れたいときはおすすめです。ちなみに牛乳100ｇに含まれるカルシウムは約110ｍｇ。推奨量650ｍｇをまかなうなら、野菜だけで十分摂取可能です。

ゴマ	1200mg
チアシード	570mg

鉄分

　植物性食品に含まれる「非ヘム鉄」は、動物性食品に含まれる「ヘム鉄」に比べ吸収率が低いため、量を食べる必要があります。アマニやチアシードといったナッツや種・豆類、茹でたダイコンの葉、生のミズナ等をたっぷり食べて、鉄分を摂取しましょう。ビタミンCが豊富な食材と一緒に食べると、鉄分の吸収率が高まるので、野菜や果物と組み合わせて食べるのがおすすめ。

アマニ（炒り）	9.0mg
チアシード	7.6mg

亜鉛

　代謝や免疫機能、細胞の修復といったことに重要な役割を持つ亜鉛も、ヴィーガンライフに不足しがちな栄養素のひとつ。動物性食品ではカキに多く含まれることで有名ですが、植物性食品に含まれる亜鉛は動物性食品のものに比べて吸収率が低いため、量を多く食べることが必要になります。カボチャの種やヒマワリの種、ゴマなどに多く含まれるので、意識して取り入れましょう。

カボチャの種	/ 7.7mg
ゴマ（炒り）	/ 5.9mg

オメガ3脂肪酸

　オメガ3脂肪酸の中で、植物性なのはαリノレン酸のみ。DHAとEPAは魚に多く含まれます。αリノレン酸は、必要に応じて体内でDHAやEPAに変換されるため、動物性のDHA、EPAをあえて摂取する必要がないと捉えられがちですが、αリノレン酸のDHA、EPAへの変換率はあまり高くないので、αリノレン酸を含む植物性食品を多く摂取する必要があります。

えごま油	/ 58g
亜麻仁油	/ 57g

　ヴィーガンライフを実践する際には、不足しがちな栄養素に注意し、さまざまな食材や旬の野菜をたっぷり食べるということを心掛けましょう。ヴィーガンであろうとなかろうと、「これだけ食べていれば大丈夫」というものは存在しないということを心にとめ、菜食範囲の中でも幅広く、いろいろなものを口にするのがよいでしょう。

　食生活は、自分がいかに心地よいものを食べているかを知ることが一番大切。そのためには、たくさんの選択肢を持っている方が、より充実した食スタイルの近道になります。

※表はそれぞれ100gあたりの含有量を表示（日本食品標準成分表より）。

原宿・表参道
Area

国内でも有数の国際的エリアなだけあり、ヴィーガン専門店や対応店がひときわ多い。店の雰囲気やメニューは最先端で訪れる人の目を引く。

**エッグレスな
卵サラダバインミー
1172円（イートイン）**

一見卵フィリングに見
える具材は、豆腐とタ
ーメリック。コクがあ
って満足感も◎

Bánh mì Tokyo

**自家製ピーナッツ
バターバインミー
レギュラー866円、ハ
ーフ611円（共にイー
トイン）**

オーガニックのココナ
ッツバターを使った自
家製のピーナッツバタ
ーがたっぷり

ベトナムのサンドイッチを
和風にアレンジして

外苑前

Bánh mi Tokyo
バイン ミー トーキョー

Option

| Gluten Free | Alcohol Free | GMO Free | Caffeine Free | Sugar Free | Oriental Vegan |

オーナーの音仲さんは、ベトナムや全国でバインミーの食べ歩きをした際、普段より多くの小麦を食べたことで体調不良になったという。自分にはグルテンが合わないことを知り、米粉でグルテンフリーのパンをつくってバインミーを提供したいと考え、店をオープン。体によいもの、日本人の体に合うものを作ろうと、和食のエッセンスを取り入れて、ジャパニーズバインミーにたどり着いた。

その後、グルテンフリーを気にする人はヴィーガンのライフスタイルの人にも多いと気づき、ヴィーガン対応のメニューを加えたのだとか。もともと野菜を多く使うバインミー。卵を使わない卵サラダや、良質な油を使うことで、野菜だけでもしっかり満足感のある仕上がりに。毎月新作もでるのでSNSで確認を。

路地の住宅地の中に現れる
赤いひさしが目印

カウンターのみの明るい店内

Shop Information

[電] 070-4142-0868　[住] 渋谷区神宮前3-1-25 1F　[交] 地下鉄外苑前駅より徒歩5分
[時] 10:00〜17:30（土・日曜、祝日10:00〜15:00、16:00〜18:00※夜は貸切予約のみ、要相談。）
[休] 月曜

Take out　**Delivery**

Menu

一汁三菜
1700円

玄米と味噌汁を基盤に、国産大豆の豆腐料理を主菜、根菜や青菜などの季節の味わい二種を副菜に。香の物が付く

Menu

豆腐のレモンケーキ
750円

豆腐クリームとレモンでつくり上げるさわやかなレアチーズ風のケーキ

都 会 の 喧 騒 の 中 の 静 か な 空 間 で 、
ゆ っ た り 育 て ら れ た 食 材 を 食 す

表参道

Brown Rice by Neal's Yard Remedies

ブラウンライス バイ ニールズ ヤード レメディーズ

| Gluten Free | Alcohol Free | GMO Free | Caffeine Free | Sugar Free | Oriental Vegan |

バランスのとれた健康食として、あるいはユネスコ無形文化遺産として、魅力にあふれる新しい和食の形を提案し続けるレストラン。旬の食材を、素材を活かす伝統の調理法を取り入れながら、新しい美食の世界を提供している。おいしく食べることこそ、心も体も健やかに生きられるという信念のもと、ひとつひとつの食材を余すことなく丁寧に使って、その食材の持つよさを引き出す。食材ごとに個別の生産者とやり取りし厳選したものを、日本の伝統的技法と、新しい感覚を織りまぜながら、新時代の和食の世界観を表現していく。欧米の民間療法を担ってきたNeal's Yard Remediesならではの視点で、表参道のヴィーガン文化をけん引する店のひとつといえるだろう。

看板から緑のアプローチを
通って店内へ

店を入ってすぐに目に留まる
稲穂が美しい

Shop Information

[電]03-5778-5416　[住]渋谷区神宮前5-1-8 1F　[交]地下鉄表参道駅より徒歩2分
[時]11:30 〜 18:00（食事17:00LO、ドリンク17:30LO）
[休]不定休

Take out Delivery

食べたもので体は作られる。
そのコンセプトを体感して

グリーンパッタイ　1540円

Menu

厚揚げのアクセントがふっくらとおいしいグルテンフリーのパッタイ。
体にやさしい玄米甘酒といちごのスムージー 650円とのセットもおすすめ

表参道

CURATIVE KITCHEN

キュラティヴ キッチン

Option

| Gluten Free | Alcohol Free | GMO Free | Caffeine Free | Sugar Free | Oriental Vegan |

「治癒」がコンセプトという、調剤薬局経営の企業が手がけるカフェ。食べたもので体がつくられるという考えをベースに、安心、安全な食材を使用することに努め、ハーブやスパイスをふんだんに使ったメニューを提供する。その選択肢としてヴィーガンを導入。健康食品というと味は二の次というものが多いというイメージがある中、色鮮やかでおいしく、健康によいものを目標としている。

　環境を意識した店づくりの一環として、環境に優しい容器の使用や、店内にふんだんにグリーンを使った居心地のよい空間づくりを行っているのもこだわりのひとつ。一部、五葷抜き対応のものもあるので、気になる方は確認を。

壁面緑化の植物に囲まれて
森の中にいるよう

季節のフルーツタルト
880円（1ピース）

旬のフルーツがたっぷりで、
見た目にも華やか

Shop Information

[電] 03-6384-5881　[住] 渋谷区神宮前4-5-13 アピス表参道スクエア1F
[交] 地下鉄表参道駅より徒歩4分　[時] 11:30 〜 20:00（19:00LO）
[休] 水曜

Take out **Delivery**

「色を食べる」をテーマに、
植物の力を体に入れる

Menu

ガーデンサラダ　1780円

オープン当初からの人気メニュー。ごはん（またはパン）、選べるドリンクのセット。彩り豊かな季節の野菜オリジナルドレッシング付き

表参道

SINCERE GARDEN CAFE

シンシア・ガーデンカフェ

All Vegan

| Gluten Free | Alcohol Free | GMO Free | Caffeine Free | Sugar Free | Oriental Vegan |

　シンシア・ガーデンは1階がコスメショップとスパになっており、奥のらせん階段を上がった2階がカフェスペース。あたたかい光の差し込む空間が、穏やかな時間を演出してくれる。「体の外側からも内側からもキレイを目指す」というコンセプトのもと、サロンにカフェが併設された。

　オーガニック食材でつくられる季節の野菜は、生命力にあふれ、心と体を整えてほしいというつくり手の思いが感じられる。セットにつく五行茶は、体質や体調に合わせて選べるのもうれしい。なお、来店時に伝えれば、五葷抜き対応も可能。一部のカフェイン入りのドリンクや、香りづけでラム酒を使っているスイーツもあるので、気になる人は事前に確認を。

日差しが心地よい明るい店内

**りんごのグルテンフリー
パンケーキ　1480円**

りんごがたっぷりで
ボリュームも満点

Shop Information

[電]03-5775-7375　[住]港区北青山3-5-4　[交]地下鉄表参道駅より徒歩4分
[時]11:30～20:00（19:00LO）　[休]毎月1日（1日が土・日曜、祝日の場合は翌日）

Take out　Delivery

ヴィーガンとオーガニックとCBD、
コンディションをサポートする

表参道

The_B

ザ ビー

All Vegan

Gluten Free	Alcohol Free	GMO Free	Caffeine Free	Sugar Free	Oriental Vegan

　The_Bでは自然の食材を自然のままに食べることで、潜在的な力を引き出すことができるという考えのもと、その日の体調や気分によって自分自身のコンディションを整えられるようになることを目指している。

　ヴィーガンサラダボウルはそれぞれ、「アンチエイジング」「疲労回復」「腸活」などのテーマをもとに食材を厳選。ソイミートやソイチーズを使って、ヘルシーながら満腹感が得られる工夫がされている。

　食を通じてライフスタイルそのものを提案しており、店内ではセレクトされたドリンクや食品も販売しているので、ぜひチェックしてみて。

テイクアウトがメインなので、
イートインスペースは控えめ

**アサイービューティー
1598円**

女性に人気のアサイーボウル
はフルーツもたっぷり

Shop Information

[電] 03-6805-0587　[住] 港区青山5-10-2 第2九曜ビルディング1F
[交] 地下鉄表参道駅より徒歩2分　[時] 11:00 ～ 19:30
[休] 無休

Take out **Delivery**

本場アメリカから上陸した、
話題のハンバーガーショップ

表参道

UMAMI BURGER

ウマミ バーガー

Option

| Gluten Free | Alcohol Free | GMO Free | Caffeine Free | Sugar Free | Oriental Vegan |

　店名は日本語の旨みに由来。ロサンゼルスで大人気のバーガーショップで、創設者のアダム・フライシュマンは、旨みを最大限に引き出す調理法を確立し、それをもとに作ったハンバーガーを提供している。その中でヴィーガン対応なのは「ボタニカルバーガー」。五葷抜きでつくられているため、オリエンタルヴィーガンも安心して食べることができる。パティについては、ほかのメニューとの組み合わせも可能とのこと。

　青山店のほか、日本国内にはみなとみらい店、錦糸町PARCO店、南町田グランベリーパーク店、横浜ベイサイド店、有明ガーデン店がある。アメリカでも、高い人気を誇るハンバーガーレストランのヴィーガンバーガーは、ぜひ食べておきたい。

ポップなモチーフをスタイリッシュに演出

ひらがなの「うまみ」が目を引くネオン

Shop Information

[電]03-6452-6951　[住]港区北青山3-15-5　Portofino内
[交]地下鉄表参道駅より徒歩3分　[時]11:00 ～ 22:00（21:30LO）
[休]無休

Take out **Delivery**

気になるところを、
薬膳の食事でカバーしてくれる

薬膳レストラン 1OZEN 青山店

表参道

薬膳レストラン 10ZEN 青山店

やくぜんレストラン ジュウゼン あおやまてん

Gluten Free	Alcohol Free	GMO Free	Caffeine Free	Sugar Free	Oriental Vegan

　漢方の薬日本堂が、食材と漢方を合わせた食事で元気を届けたいという思いから薬膳レストランの10ZENを展開。ヴィーガン対応のカレーやスープランチがあり、中でも青山店はデザートまでヴィーガンメニューが揃うとあって人気が高い。デザートは数種類あるので、カフェタイムにもおすすめ。また、漢方を使ったドリンクも多いので、いろいろと試してみたくなる。美容や整腸など、目的に合わせてメニューを選べるのも魅力のひとつだ。サラダバーでたっぷりと野菜を食べて、薬膳ベースのスープで内臓を温める。美容や健康によいものをおいしく取り入れることができるため、店内はいつも女性客であふれている。ランチ、カフェ、ディナーと時間帯によっていろいろ楽しめるのもうれしい。

地下1階だが吹き抜けがあり、明るい店内

薬膳豆花洛神ソース　680円

赤い薬膳フルーツソースをかけて食べる

Shop Information

［電］03-6450-5834　［住］港区南青山5-10-19　青山真洋ビルB1F　［交］地下鉄表参道駅より徒歩3分　［時］ランチ11:30〜14:30LO、カフェ14:30〜17:00LO、ディナー17:00〜21:00LO　［休］無休

Take out Delivery

Menu

**カリフラワーステーキ
カルダモンと自家製
アリッサ　1850円**

迫力のカリフラワーの
ステーキ。焼き目とス
パイスの香りでゴージ
ャスな仕上がり

本 場 N Y ス タ イ ル の 、
本 格 派 ヴ ィ ー ガ ン 料 理

青山一丁目

The Burn

ザ バーン

Option

| Gluten Free | Alcohol Free | GMO Free | Caffeine Free | Sugar Free | Oriental Vegan |

総料理長の米澤さんは、NY の Jean-Georges 本店でスー・シェフをしていたころ、ヴィーガン料理に出合ったという。多種多様な人が行きかう NY では、ヴィーガン料理を提供する店も日本に比べると多い。NY での経験から、今ではヴィーガンのレシピ本も出版するほどヴィーガン料理に精通。スパイスや調味料を繊細な感覚で用いて素材そのもの味を引き出し、野菜を食べる喜びを感じられるレシピは、唯一無二と言ってもいいだろう。

本格的な NY スタイルのヴィーガン料理を体験できる店は、日本ではまだまだ少ない。ダイナミックなヴィーガン料理を試したいなら、ぜひこの店を訪れたい。食後はしっかり野菜を食べたという満足感がある。

**久松農園のスパイスキャロット
ヴィーガンヨーグルト　1500円**

ニンジンの深い味わいとボリュームを楽しめるひと皿

バーカウンターと
レストランスタイルのテーブルが並ぶ

Shop Information

[電] 03-6812-9390　[住] 港区北青山 1-2-3 青山ビルヂング B1F
[交] 地下鉄青山一丁目駅 0 番出口直結　[時] ランチ 11:30 〜 15:00（14:00LO）、ディナー 17:30 〜 23:00（22:00LO）　[休] 月曜、祝日　Take out　**Delivery**

Menu

**フワフワ大豆ミートの
ケイジャン
1650円**

ふっくらと丁寧に下地
をつけた大豆ミートを
ケイジャンで楽しむ

Menu

**ナスとトマトのこん
がりチーズグラタン
1400円**

植物性100％でこの完
成度。人気のひと品

鍛 え る こ と 、 食 べ る こ と 。
両 方 そ ろ っ て こ そ の 、 健 康

外苑前

Healthy Monster Cafe

ヘルシー モンスター カフェ

Gluten Free	Alcohol Free	GMO Free	Caffeine Free	Sugar Free	Oriental Vegan

　フィットネスに併設されたカフェ。体を鍛えることも大切、健康的な食生活も大切というコンセプトから、フィットネスとカフェを同時に展開しているのだとか。カフェのメニューは健康的という視点だけでなく、食べるからには「おいしい」が最も重要という思いで開発。その中で、自然とヴィーガンのメニューが誕生した。

　一見、ヘルシーなラインナップのメニューも、スタッフを見ていると、フィットネスと食事の両方のアプローチで、健康でスタイリッシュな体型をつくることができることを実感できる。ストイックとは無縁のおいしいメニューをお供に、減量に励みたい人にもおすすめ。

ポップでカラフルな外観が目を引く

**グルテンフリーのタルト
825円**

季節のフルーツをふんだんに使ったグルテンフリーのタルト

Shop Information

[電] 03-5784-3611　[住] 渋谷区神宮前3-35-2 クローチェ神宮前ビル1F
[交] 地下鉄外苑前駅より徒歩6分　[時] 10:00 〜 19:00LO（日曜、祝日は〜 18:00LO）
[休] 無休　**Take out** **Delivery**

Menu

左）デトックス
GREEN GLOW
レギュラーサイズ：860円

ケール、ほうれん草、セロリ、キュウリ、ショウガ、レモンのロージュース

Menu

右）ザ・ハルク THE HULK
1080円

自家製アーモンドミルク、パイン、ほうれん草、ケール、アボカド、カシューナッツ、ココナッツオイル、ココナッツフレークのスムージー

Menu

中央）トロピカルジン
ジャー TROPICAL
GINGER 860円

自家製カシューミルク、バナナ、パイン、マンゴー、ショウガ、ココナッツフレークのスムージー

野菜とフルーツの力が、
細胞に染み渡る

外苑前

TOKYO JUICE

トーキョー ジュース

All Vegan

Gluten Free	Alcohol Free	GMO Free	Caffeine Free	Sugar Free	Oriental Vegan

　オーナーの室松さんは自身の病気克服のために自然療法を選択し、夫婦で食習慣を変えることを決意。揚げ物、加工品、糖分、塩分を控えて健康的な食生活を心がけた結果、数ヵ月後で体調は目に見えて改善されたのだとか。そんな経験から、普段健康を意識しない人にも、野菜とフルーツをもっとたくさん取り入れてほしいとの願いを込めて、夫婦でTOKYO JUICEをオープンした。

　新鮮で栄養価の高い野菜やフルーツでつくられるジュースは、地域の住民や、近隣で働く人に大人気。身体に染み渡るようなやさしいジュースが、疲れた体を修復してくれる。

新鮮なフルーツが並ぶ店内

外国人の客も多く、海外にいるような雰囲気

Shop Information

[電] 03-6883-3602　[住] 渋谷区神宮前3-1-24 ソフトタウン青山1F
[交] 地下鉄外苑前駅より徒歩5分　[時] 8:30 〜 18:00（土・日曜、祝日は10:00 〜）
[休] 無休

Take out　**Delivery**

Menu

**ジュージューグリル
（ご飯・スープ付き）
ランチタイム限定980円**

昭和の定番定食のよう。
肉を使わないのにごはん
が進む味に驚き

Menu

**グリルバーガー
1250円**

4種類の手作りソース
で自分だけのオリジナ
ルバーガーに

昭 和 の ガ ッ ツ リ 系 和 洋 中 が 、
令 和 の ヴ ィ ー ガ ン 仕 様 に リ ニ ュ ー ア ル

原宿

ヴィーガンビストロ じゃんがら

ヴィーガンビストロ じゃんがら

All Vegan

Gluten Free	Alcohol Free	GMO Free	Caffeine Free	Sugar Free	Oriental Vegan

　東京にとんこつブームを巻き起こした九州じゃんがら。原宿は表参道沿いにある九州じゃんがらの２階に、植物性100％のヴィーガンビストロじゃんがらが登場したというニュースは、さまざまな業界に少なからず影響を与えただろう。ヴィーガンという新しく認知されつつある概念に対し、出てくるメニューはどこか懐かしさを覚えるものばかり。年齢を問わず、受け入れやすいラインナップが並んでいるため、ヴィーガン料理は初めてという人も食べやすい。野菜しかないと思い込んでいる人にも、意外性をアピールできる店となっている。

　昭和のメニューと相反するかのようなモダンでシンプルな内装。原宿らしいおしゃれな雰囲気の中で、次世代のビストロの雰囲気を味わいたい。

ちゃんぽん　1080円
長崎伝統の味もヴィーガンで
味わえる

見遠しがよく居心地もよい

Shop Information

[電] 03-3404-5572　[住] 渋谷区神宮前1-13-21 シャンゼール２号館2F
[交] 地下鉄明治神宮前駅より徒歩１分、またはJR原宿駅より徒歩２分
[時] 11:00 〜 22:30（21:30LO）　[休] 無休

Take out　Delivery

アジアンテイストの中華ソバ、
新感覚の味わいを楽しむ

原宿

BASSANOVA HARAJUKU

バサノバ ハラジュク

Option

| Gluten Free | Alcohol Free | GMO Free | Caffeine Free | Sugar Free | Oriental Vegan |

オレンジ色の外観が印象深いラーメン店。本店は新代田にあり、ちょっと変わったラーメン店として知られている。メニューのラインナップが東南アジアテイストで、タイのグリーンカレーやトムヤムクンなどがベースのラーメンが並ぶ。トッピングにはネギ、きくらげ、のり、穂先メンマ、パクチー、ヴィーガンチーズが用意されているので、好みの具材を増したり加えたりするのも楽しい。アルコールも置いているので、それらをつまみに一杯飲むというのもおすすめだ。ドリンクの豆乳ラッシーもヴィーガン対応となっている。

エスニックなテイストで楽しむ新感覚のヴィーガンラーメンは、ぜひ試しておきたい。

ベジ餃子　500円
ラーメンのお供にいただきたい

目に留まりやすいオレンジ色の外観が目印

Shop Information

[電] 03-5843-1898　[住] 渋谷区神宮前1-15-4 バルビゾン76　[交] JR原宿駅より徒歩2分、または地下鉄明治神宮前駅より徒歩5分　[時] 11:30 〜 22:30LO　[休] 無休

Take out　Delivery

毎日食べても、
飽きないおいしさ

Chipoon Burger & Noodle

原宿

Chipoon
Burger & Noodle

チプーンバーガー アンド ヌードル

　ラフォーレ原宿の2階にある。場所柄もあって若者が多いが、ヴィーガンフードを目当てに来る人も多数。モダンチャイニーズで知られる銀座の名店「Renge equriosity」のオーナーシェフが手がけるヴィーガンラーメンは、絶品との声も多く人気が高い。店名は「れんげ」を意味するChina Spoonに由来。

　6種類のヴィーガンラーメンのほか、ヴィーガンバーガーやスイーツ、ドリンクもある。ヴィーガンラーメンキットも販売しており、店頭、オンラインで購入可能。おみやげとして購入する人も多く、遠方の人もChipoonの味を楽しめる。

落ち着いたピンクが基調。マスコットのフラミンゴのくちばしは「れんげ」

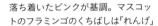

(写真上)星子水　385円
(写真下)Chipoonチュロス
352円

サイドメニューも豊富に揃っている

Shop Information

[電] 03-6804-2123　[住] 渋谷区神宮前1-11-6 ラフォーレ原宿2F GOOD MEAL MARKET
[交] JR原宿駅より徒歩4分、または地下鉄明治神宮前駅より徒歩1分　[時] 11:00 ～ 21:00
[休] 不定休　※ラフォーレ原宿に準ずる　　　Take out　Delivery

Menu

**ヴィーガンラザニア
CBDドリンクセット
1650円**

野菜の旨みが詰まって
いる。冷めてもおいしい

世界でも注目のＣＢＤ、
その最高品質を使用する

原宿

HealthyTOKYO
CBD SHOP & CAFE

ヘルシートーキョー シービーディー ショップ アンド カフェ

All Vegan

　近年、その健康効果が話題となっているカンナビジオール（CBD）。大麻草の茎や種から抽出される天然化合物のことで、陶酔感や依存性がなく、欧米では医療分野などで研究報告があることから、日本でも注目され始めている。

　日本で健康的な生活を送りたい人たちのためにという理念のもとに、2011年に創立したHealthyTOKYOは、国内のCBD、ヴィーガン市場の先駆けとして知られる。原宿のほか、都内には羽田空港、代官山にカフェがあり、ヴィーガン＆グルテンフリーのフードメニューや、CBDオイル入りのコーヒー、抹茶ドリンク、自家製フルーツソーダなどを提供。CBDオイルの量は好みで調整できるので気軽に相談してみて。店頭ではオリジナルのCBD製品も販売している。

原宿の路地裏、静かな場所にある

**Vegan Cake ＋
CBD Drink　1650円**

CBDオイル入りソースの
ヴィーガンチーズケーキ。
ドリンクセットが人気

Shop Information

[電] 03-4405-6203　[住] 渋谷区神宮前3-27-14 キャラット原宿1F
[交] JR原宿駅より徒歩8分、または地下鉄明治神宮前駅より徒歩10分
[時] 11:00 ～ 20:00LO　[休] 無休

Take out　**Delivery**

みんなの笑顔のために、
一杯のヴィーガンラーメンを

原宿

Noodle Stand TOKYO

ヌードル スタンド トーキョー

All Vegan

Gluten Free	Alcohol Free	GMO Free	Caffeine Free	Sugar Free	Oriental Vegan

　きっかけは日本のラーメンを食べたいとやってくる外国人観光客。しかし、グループ数名で来ているのに、一人だけ食べない人がいる……その理由はヴィーガンだから。せっかく日本まで来ているのだから、もっとみんなに楽しんでもらいたい。日本のラーメンを食べてもらいたい。そういう思いで開発された「世界一おいしいヴィーガンラーメン」。以来、多くの外国人観光客に喜ばれてきた。

　日本のラーメンを楽しんでもらいたい。その神髄を味わえるラーメンこそ、この店のヴィーガンラーメンといえるだろう。

狭小の店内とカウンターも、日本らしさのひとつとして人気

ポップな雰囲気がグローバリズムの象徴

Shop Information

[電] 03-6804-1477　[住] 東京都渋谷区神宮前1-23-26 JINGUMAECOMICHI2F　[交] JR原宿駅より徒歩3分、または明治神宮前駅より徒歩5分　[時] ランチ11:30～16:00（15:45LO）、ディナー18:00～22:00（21:30LO）、土曜は11:30～22:00（21:30LO）、日曜、祝日は11:30～21:30（21:00LO）　[休] 不定休　**Take out** **Delivery**

Menu

**ヴィーガンタコライス
1010円**

ソイミートでつくられて
いる。付け合わせはハー
ブスパイスの効いた野菜

ビューティーサロンとカフェで、
心と体のトータルケアを

原宿

whyte

ホワイト

All Vegan

| Gluten Free | Alcohol Free | GMO Free | Caffeine Free | Sugar Free | Oriental Vegan |

持続可能な社会を目指してヴィーガンスタイルで経営をしているビューティサロンwhyte。ヴィーガンでオーガニックの薬剤や製品を使って、心も体も「自然体」でいることをコンセプトに掲げている。併設されたカフェでは、朝から朝食も食べられる。ヴィーガンではない人でも満足して食べてもらえるメニューをと各種取りそろえており、ボリュームも満点。まずはおいしく食べることを大切に考えている。

テイクアウトやイートインのみで楽しむ人もいるが、サロンで髪をきれいにする流れでカフェに立ち寄る人も多いという。ヴィーガンビューティを掲げて東京から新しいカルチャーを発信し、より自然に生きていくためのライフスタイルを提案していく。

ヴィーガンプリン　550円

おもたせに最適のプリンはプレーン、チョコバナナ、抹茶、イチゴの4種から選べる

パステルの色彩でかわいらしく、どこか懐かしさを感じる

Shop Information

[電] 03-6876-3976　[住] 渋谷区神宮前3-27-7　[交] JR原宿駅より徒歩8分、または地下鉄明治神宮前駅より徒歩6分　[時] 8:00 〜 20:00（土・日曜、祝日は〜 19:00）
[休] 火曜

Take out Delivery

Menu

**ヴィーガンパール
バティーセット
2950円**

きのことカリフラワー
入りの2種類のカレー
と、小松菜ヴィーガン
ナンなどがついてボリ
ューム満点

Menu

**キャロットハルワ
ケーキ 640円
有機豆乳を使った
マンゴーラッシー
610円**

ハルワケーキはインド
のデザートを元にした
ニンジンケーキ。豆乳
のラッシーは日本なら
ではのもの

本場インドカレーの老舗で
ヴィーガンのインド料理を楽しむ

原宿

NATARAJ

ナタラジ

All Vegan

Gluten Free　Alcohol Free　GMO Free　Caffeine Free　Sugar Free　Oriental Vegan

　1989年、高田馬場で創業したベジタリアンインド料理店。荻窪、銀座、渋谷、蓼科と店舗を増やし、2018年には原宿店をオープンさせた。自社農園で無農薬、有機肥料で栽培した野菜を中心に、インドの菜食を味わうことができる。メニューごとにスパイスの配合を変えているというその味わいは多彩だ。

　もともとベジタリアンの多いインドでは、乳製品は口にするというラクト・ベジタリアンが主流。そのため、この店でも乳製品を使った料理が一部に見受けられる。Vマークの付くグランドメニューはすべてベジタリアン対応だが、現在はヴィーガン専用のメニューも用意しているのだとか。

開放感のある窓。インドの装飾品
に囲まれ、静かで居心地がいい

創業当時から料理長を務め
るザダナンダさんに似た人
形がある

Shop Information

[電] 03-6427-7515　[住] 渋谷区神宮前6-28-6 キュープラザ8F
[交] JR原宿駅より徒歩6分、または地下鉄明治神宮前駅より徒歩1分
[時] 11:30 〜 23:00（22:30LO）　[休] 無休

Take out　**Delivery**

2000年にヴィーガンの店を開き、
情報と文化の発信を続ける

表参道

PARLOR 8ablish

パーラー エイタブリッシュ

All Vegan

Gluten *Free*	Alcohol *Free*	GMO *Free*	Caffeine *Free*	Sugar *Free*	Oriental *Vegan*

　2000年に南青山でカフェとして創業し、ヴィーガンやグルテンフリーの飲食店を営んできた8ablish。創業20年を迎えた2020年、パーラーとして新しく生まれ変わり、ランチやデザートメニューがさらに充実した。

　スイーツは卵、バター、牛乳などの動物性食品、白砂糖や添加物は一切使用せずに作られているので、くどさがなく、ぺろりと食べられる。食事メニューも人気で、ボロネーゼスパゲティはソイミート、マッシュルーム、野菜をトマトでじっくりと煮込み、野菜の旨みが味わえるひと品。

　国や文化、宗教、個々の考え方や背景を気にすることなく、多くの人がスイーツを通して笑顔になれる未来を目指している。

日差しが心地よいスタイリッシュな空間

季節のレアチーズケーキ　648円

ティータイムに人気の旬のフルーツをあしらったレアチーズケーキ

Shop Information

[電] 03-6805-0597　[住] 港区南青山5-10-17 2F　[交] 地下鉄表参道駅より徒歩4分
[時] ランチ11:00 〜 14:30LO、ティータイム14:30 〜 20:00（19:00LO。ドリンクは19:30LO）
[休] 火曜　　　　　　　　　　　　　　　　　　　**Take out** Delivery

代 々 木 公 園 の 見 晴 ら し と 、
新 進 気 鋭 の ア ー ト と の マ ッ チ ン グ

代々木八幡

TREE by NAKED yoyogi park

ツリーバイネイキッド ヨヨギパーク

| Gluten *Free* | Alcohol *Free* | GMO *Free* | Caffeine *Free* | Sugar *Free* | Oriental *Vegan* |

　皿の上での小宇宙をVR技術やプロジェクションマッピング、照明、音楽、美術造作によって演出するというコンセプトで作られたアートガストロノミーレストラン。総合演出はクリエイティブカンパニー NAKED代表の村松亮太郎が務め、料理監修に永友裕人、香道監修に志野流香道 蜂谷宗苾若宗匠、案内人・着物デザインに斉藤上太郎、フロア造作監修に西畠清順と気鋭が集い、代々木公園を目の前にして新しい食とアートの融合を体感できる。

　代々木界隈の散策中にランチに立ち寄っても楽しいが、ディナーを予約すれば新しい感覚の扉を開くことができる。良質な舞台と食事を同時に楽しめるエンターテインメント空間だ。

不思議な世界に足を踏み
入れたような感覚

ガラス張りで見通しがよい
ので、入りやすい

Shop Information

[電] 050-1743-2539　[住] 渋谷区富ヶ谷1-10-2 TREE by NAKED yoyogi park
[交] 小田急線代々木八幡駅より徒歩5分　[時] 11:00 〜 20:00（土・日曜、祝日は10:00 〜）
[休] 火・水曜　　　　　　　　　　　　　　　　　**Take out** Delivery

官公庁にも、ミートフリーデーがある！？

イギリスでは、動物保護や地球環境保護のために、肉食を少しでも減らそうというキャンペーンとして「ミートフリーマンデー」という取り組みがあります。日本でもそれぞれの事情を鑑みながら、一週間に一日でも肉を食べない日を設けようという動きがあることをご存じでしょうか？

官公庁も例外ではなく、内閣府はミートフリーデーをいち早く導入。金曜日には内閣府内にある食堂に100%植物性で作られたランチのメニューが並びます（基本、職員のみ利用可）。気象庁では水曜日にヴィーガン食がメニューに入り（一般利用可）、農林水産省の生協ではヴィーガンヌードルやヴィーガンカレーといった食材が販売されるなど、ミートフリーへの取り組みが進んでいます。また、東京都庁でも「東京都庁ベジ・メニュー」として、職員食堂にヴィーガンメニューを導入し、その流れは少しずつ広がっています。

官公庁でのミートフリーメニュー導入のきっかけのひとつが、気候変動や環境問題に対する問題意識です。「ミートフリーマンデー」同様、一人でも、一日でも、少しでも、肉食を減らすことで地球全体の環境問題に貢献しようという動きです。そして、ヴィーガンという食を通じ、誰もが文化や習慣などの背景を気にすることなく食事をするという、食の多様性に対応することへの大切さ、の認識も広がりつつあります。

取り組みとしては少しずつですが、地球の未来に向けて、地球環境の改善、食のダイバーシティ、価値観の多様化を進め、人類が互いに認め合うことのできるような平和な世界を目指していきましょう。

▲金曜日の内閣府の食堂。
週替わりでヴィーガンメニューが並ぶ

渋谷・恵比寿
Area

最近の再開発とともに街の店舗も
かなり入れ変わり、プラントベース
を提供する店が急増。原宿・表参
道とも近いため、ヴィーガン食は
かなり充実している。

生野菜の酵素の力と、
スーパーフードをジャンクに食べる

恵比寿

HEMP CAFE TOKYO

ヘンプ カフェ トーキョー

Gluten *Free*	Alcohol *Free*	GMO *Free*	Caffeine *Free*	Sugar *Free*	Oriental *Vegan*

　酵素栄養学やローフードを取り入れた「レインボーローフードカフェ」の生食、または48℃以下の非加熱の調理法でつくられる料理（ローフード）をベースに、スーパーフードの中でも注目度の高い麻の実（ヘンプシード）を加えたメニューを提供。ジャンクな雰囲気を味わってもらえるようなメニュー開発を心がけているという。

　ヘンプシードはたんぱく質が豊富で消化がよく、質のよい脂質を摂ることもできる食材。ミネラル摂取にも有効とされており、今、積極的に食べたい食材のひとつだ。循環型社会の構築に還元できるという視点から、環境意識の高い人には麻が注目されており、その麻を使った料理を存分に楽しめる。

Hempプロテインスムージー　ランチ880円／ディナー968円
トレーニング中の人に人気

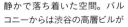
静かで落ち着いた空間。バルコニーからは渋谷の高層ビルが

Shop Information

[電] 03-6427-1984　[住] 渋谷区東3-17-14 クリスティエビス8F　[交] JR・地下鉄恵比寿駅より徒歩5分　[時] ランチ11:30 〜 15:00（14:30LO）、ディナー 18:00 〜 22:00（21:00LO）　※ランチは月曜休み　[休] 日曜

Take out **Delivery**

愛をこめて、心にも体にも環境にもやさしい食べ物を

ヴィーガンスムージー ゴジベリーバナナ　800円（写真上）

ゴジベリー、フィグ、バナナ、豆乳

Menu

スムージーボウル キンググリーンミックス 1550円（写真下）

ベースは季節によって、ケールか小松菜。バナナ、アボカド、リンゴ、
デーツをミックス。トッピングもたっぷり

恵比寿

marugo deli ebisu

マルゴ デリ エビス

All Vegan

Gluten Free	Alcohol Free	GMO Free	Caffeine Free	Sugar Free	Oriental Vegan

　自分に対しても、社会に対しても、環境に対しても、できるだけ負担のかからない生き方を選びたい。心と体が健康であるようにと考えてメニューを提供する。自然に寄り添うという考えから、店のイスやテーブルには流木や廃材、壁はヘンプの茎を練りこんだ珪藻土、音楽プレーヤーにはひょうたんスピーカーを使用。そのため店内は、ナチュラルで優しい雰囲気にあふれている。

　3階はレンタルスペースとして貸し出しも可能。独自発信で地球環境や食の安全を考えるきっかけとなるセミナーやトークなどのイベント、動物性食品や添加物を使用しない調理法での料理教室といった活動もしている。

白地の壁に木材がアクセントになった
ナチュラルな空間

**ソフトアイスクリーム
チョコレート　780円**

カカオニブもトッピング
されている

Shop Information

[電] 03-6427-8580　[住] 渋谷区恵比寿西1-17-1 プルミエール恵比寿1F
[交] JR恵比寿駅より徒歩5分　[時] 9:00 〜 19:00（日曜・祝日は10:00 〜）
[休] 不定休

Take out **Delivery**

大人の街・恵比寿から、
いち早くオーガニックのおいしさを提案

**舞茸と酵素玄米の
焼きおにぎり茶漬け
980円**

ひつまぶしのように、
いろいろな食べ方が楽
しめる

Menu

**国産大豆ミートの
ベジ唐揚げ
880円**

SUMI-BIOの定番メ
ニュー。ビールのお供に
も最適

恵比寿

SUMI-BIO

スミビオ

Option

Gluten *Free*	Alcohol *Free*	GMO *Free*	Caffeine *Free*	Sugar *Free*	Oriental *Vegan*

　恵比寿でオーガニック、ヴィーガンメニューといえば、この店をまず思い浮かべる人も多いのではないだろうか。野菜のおいしさを引き出す料理の数々に、多くの人が魅了されてきた。恵比寿らしい大人の雰囲気を感じられる空間で、心にも体にも健全な料理を味わうことができる。料理はもちろんのこと、こだわりの玄米は、昔から定評がある。

　今イチオシというBIO CHOCO（豆乳クリームチョコレート）が好評で、手みやげに購入する人も多いという。ベリーソースとの相性がすばらしく、お茶請けにも酒のつまみにもなる。通販でも手に入れられるので、ぜひ試したい。

BIO CHOCO 980円

テイクアウトのほか、通販
（1800円）も好評

バーカウンターとデッキがあ
り、楽しみ方いろいろ

Shop Information

［電］03-6408-1711　［住］渋谷区恵比寿1-22-8 恵比寿ファーストプレイス2Ｆ
［交］JR恵比寿駅より徒歩5分　［時］ランチ11:30 〜 15:00（14:30LO）、ディナー17:30 〜 23:00
（22:00LO）［休］無休　**Take out** **Delivery**

徹 底 的 に 本 物 の オ ー ガ ニ ッ ク に こ だ わ り 、

食 の 安 全 ・ 安 心 を 提 供

渋谷

BiOcafe

ビオ カフェ

Option

Gluten *Free*	Alcohol *Free*	GMO *Free*	Caffeine *Free*	Sugar *Free*	Oriental *Vegan*

　完全無農薬、完全無化学肥料のオーガニック野菜を仕入れているBiOcafe。スーパーフードなども取り入れながら、グルテンフリー、マクロビオティックの原理など、さまざまな場面で活用できるヘルシーなメニューを用意。食事を楽しむためのワインも、有機ワインを揃えている。

　メニューも豊富で、パスタやハンバーガー、リゾット、パン、ベーグルなど、持ち帰り可能なものも多彩。ドリンクもこだわりの食材をふんだんに使って、おいしくて美容や健康によいものが準備されている。もちろんコース料理も用意。コースを希望の場合は、あらかじめヴィーガンのことも伝えて予約するのがおすすめだ。

小説「うたかたの日々」(仏、ボリスヴィアン著)をイメージしたデザイン

ショーケースにたくさんの
焼菓子が並ぶ様子は圧巻

Shop Information

[電] 03-5428-3322　[住] 渋谷区宇田川町16-14 パティオⅠ1F　[交] JR渋谷駅より徒歩5分　[時] ランチ 11:00 〜 16:00(15:30LO)、カフェ 11:00 〜 18:00、ディナー 18:00 〜 22:00(21:00LO)
[休] 無休　**Take out**　Delivery

Menu

**スパイシー
ヴィーガンバーガー
1300円**

豆腐やテンペなど、ヴィーガン仕様のパテを用意。スパイシーに仕上げている。ヴィーガンバンズは特注

Menu

**彩り野菜の自家製
ヴィーガンカレー
1200円**

たっぷり野菜がうれしい自家製のカレーもヴィーガン仕様。彩りも鮮やか

肉 好 き と 同 席 で き る 店 、
食 の 多 様 性 を 実 現 し て い る

渋谷

Cafe x Lounge MICROCOSMOS

カフェ ラウンジ ミクロコスモス

Option

Gluten Free	Alcohol Free	GMO Free	Caffeine Free	Sugar Free	Oriental Vegan

　渋谷駅ハチ公口からスクランブル交差点を渡ってすぐの、アクセスのよい場所にあるCafe x Lounge MICROCOSMOS。宮益坂口からも近く、フリーのWiFiも完備しており、利便性が高いカフェとしても重宝される。パンケーキなどのスイーツや、オーガニックの雑穀や野菜をふんだんに使った野菜料理が人気。「世界の縮図」をコンセプトにしたカフェ＆レストランは、アメリカのBBQやイタリア料理、エスニックなど、多国籍な料理を楽しむことができる。もちろん、グローバルスタンダードとなりつつあるヴィーガンメニューも充実。さまざまな立場の人がひとつのテーブルを囲むことができ、食事は楽しいということを改めて実感できる。

明るく広々とした空間。
ゆったり、さわやかな気分になれる

ヴィーガングリーンサラダ
880円

野菜をたっぷり食べられる
のがうれしい

Shop Information

［電］03-3409-6581　［住］渋谷区渋谷1-25-6 渋谷パークサイド共同ビル8F　［交］JR渋谷駅より徒歩2分　［時］12:00 〜 23:00　［休］火曜

Take out **Delivery**

世界20カ国で学んだシェフの、
渾身のヴィーガン料理が並ぶ

渋谷

PEACE TABLE

ピース テーブル

All Vegan

| Gluten Free | Alcohol Free | GMO Free | Caffeine Free | Sugar Free | Oriental Vegan |

　ヴィーガンではない人も満足するヴィーガンレストランを目指し、国籍、宗教、文化的背景を気にすることなく、おいしいものを食べて、ひとつのテーブルでおだやかなひとときを過ごすことができる場所を提供する。20カ国以上のレストランで修業を積み、ヴィーガン料理に定評のある大平シェフがつくり出すメニューは、華やかで繊細でスタイリッシュ。料理法もバリエーション豊かで変化に富んでいるので、いつ訪れても新しい発見がある。

　滋味あふれる野菜をたっぷり食べられるうえ、食事としての満足感も高い仕上がりは、ヴィーガン料理であることを意識させないため、どのような人が行っても楽しめる。

サラダボウル（1280円）のセット。色どりも美しい

料理も映える木目と白地がさわやかな店内

Shop Information

[電] 03-6455-0861　[住] 渋谷区道玄坂 1-16-15 道玄坂 NK ビル 1F　[交] JR 渋谷駅より徒歩3分
[時] ランチ 11:30 〜 15:00（14:30LO）、ディナー 17:30 〜 22:00（21:00LO）
[休] 第2・4 土・日曜　　　　　　　　　　　　　　　**Take out** **Delivery**

春巻　600円

2個入り。揚げ物ながら罪悪感がない

餃子　500円

焼餃子6個。定食は850円。12個800円、18個1250円

サワーレモン　650円

おかわりは400円。甘口と辛口がある。辛口がおすすめ

唐揚げ　600円

4個入りでボリューム満点。定食（950円）もある

ガッツリ系のおつまみも
植物性だからたくさん食べられる

居酒屋 真さか

渋谷

居酒屋 真さか

いざかや まさか

All Vegan

Gluten *Free*	Alcohol *Free*	GMO *Free*	Caffeine *Free*	Sugar *Free*	Oriental *Vegan*

　渋谷パルコの地下1階にある居酒屋。香り高いレモンの果汁がさわやかなレモンサワーと、餃子と唐揚げの組み合わせは、間違いがない。餃子、唐揚げ、春巻も大豆ミートを使用し、100％植物性の食材でできている。飲み過ぎにさえ注意すれば、次の日もさわやかに過ごすことのできる居酒屋となっている。

　渋谷パルコの食のテーマパークのようになっている地下1階でも異彩を放ち、昭和感漂う外観が返って新しい。店内はラジカセから流れるラジオの音で演出されており、ノスタルジックな昭和の町中華や居酒屋といった雰囲気の飲み屋さんが体感できる。

昭和の裏路地風な
たたずまいが楽しい

メニューの黄色の張り紙が
雰囲気を醸し出す

Shop Information

[電]03-5422-3020　[住]渋谷区宇田川町 15-1 渋谷パルコB1F
[交]JR渋谷駅から徒歩5分　[時]12:00 ～ 20:00　※渋谷パルコに準ずる
[休]不定休　※渋谷パルコに準ずる

Take out　**Delivery**

盛岡冷麺の新しい形、
「東京冷麺」の味を知る

Menu | **トマトバジル冷麺　1180円**
麺の大盛は＋150円。納豆、メンマ、キノコのトッピングもある

冷麺ダイニング つるしこ

渋谷

冷麺ダイニング つるしこ

れいめんダイニング つるしこ

Option

| Gluten Free | Alcohol Free | GMO Free | Caffeine Free | Sugar Free | Oriental Vegan |

　韓国料理の冷麺が盛岡で独自の進化をした盛岡冷麺は、わんこそば、じゃじゃ麺と並ぶ盛岡三大麺のひとつとされている。その盛岡冷麺の「新しいおいしさ」を提供しているのが、冷麺ダイニング つるしこ。こだわりの水を使ったスープと、オリジナルの生麺で、盛岡冷麺をアレンジして作りあげた「東京冷麺」という新しい冷麺の提案をしている。

　スープは、トマトやバジル、アボカド、カレー、豆乳などをベースに使用し、繊細なバランスでコクを生み出している。

　サイドメニューにもソイミートを使った唐揚げや野菜の豆腐ディップなど、ヴィーガン対応のメニューが揃っており、アルコールも提供している。

シンプルなホワイトベースに、
赤の差し色が印象的

**ベジタブルスープ冷麺
980円**

野菜だしのおいしさが、ぎゅっとつまったやさしい味わい

Shop Information

[電]090-7321-7527　[住]渋谷区東 1-27-6 Y.M.bil 1F　[交]JR渋谷駅より徒歩5分
[時]ランチ 11:30 ～ 16:00（15:30LO）、ディナー 17:30 ～ 21:00（20:30LO）
[休]月曜

Take out **Delivery**

Menu

**まるでたまごな
ドーナツサンド
528円(イートイン)**

食べるとたまごなのに
たまごは使っていない
ドーナツサンド

Menu

**まるで
バターチキンカレー
968円(イートイン)**

動物性の原料不使用
で作られているのに、
バターチキンカレーを
食べているようなコク
を感じる

ジャンクで「おいしい!」の裏に、
「健康」と「エシカル」がある

渋谷

2foods

トゥーフーズ

All Vegan

| Gluten
Free | Alcohol
Free | GMO
Free | Caffeine
Free | Sugar
Free | Oriental
Vegan |

　渋谷ロフトの2階、まるで空港にいるかのような抜け感が心地よい場所にある。ヘルシージャンクフードがコンセプトで、渋谷ロフト店のほかに、六本木アークヒルズ、人形町ラボキッチン、八重洲地下街、麻布十番に店舗がある（2021年7月現在）。おいしい、楽しいが食の基本としながら、ベースとなっているのは健康や持続可能な社会で、そのためメニュー開発はプラントベースを選択。動物性の原料を使っていないとは思えない味と見た目で、コンセプトを知らないで入ったら気が付かない人も多い。見た目に楽しいメニューに引かれ、おいしく食べて、おだやかな時を過ごす。気が付けばヘルシーで、エシカルにも貢献できるというのがうれしい。

ラズベリーピスタチオドーナツ
418円（イートイン）

これでヘルシーなのがうれしい

吹き抜けが心地よい空間を
演出している

Shop Information

[電] 03-6416-4025　[住] 渋谷区宇田川町 21-1 渋谷ロフト2F
[交] JR渋谷駅より徒歩5分　[時] 11:00 〜 20:00
[休] 無休　※渋谷ロフトに準ずる

Take out　Delivery

アフリカンな夜、
スローな時間

Los Barbados

Menu | **アフロヴィーガンスープセット 1100円**
スープ、野菜の前菜、ピタパンのセット

渋谷

Los Barbados

ロス バルバドス

Option

| Gluten Free | Alcohol Free | GMO Free | Caffeine Free | Sugar Free | Oriental Vegan |

アフリカ、カリブ、アラブをテーマにしたお店。店内にはそれらの国々の小物が数多くディスプレイされている。異国感満載のインテリアに囲まれながらも、どこか昭和の懐かしさを感じるのが不思議。流れる音楽もコンゴのポップスのみというこだわりで、エキゾチックな雰囲気が漂う。

日本に居ながらにして異文化に触れられ、新しい発見も多い。さまざまな食文化を通して、グローバリズムやダイバーシティへの一歩を踏み出してみて。バオバブの実のジュースやハイビスカスの花弁のジュースなど、ほかでは見ない珍しいメニューも豊富。カウンター6席ほどの店なので、ディナーは予約が望ましい。

所狭しと並ぶアフリカやカリブ、アラブの小物や食器

モロッコ風アーモンドクリーム揚菓子　2個300円

シンプルで素朴な味わいに懐かしさを感じる

Shop Information

[電] 03-3496-7157　[住] 渋谷区宇田川町41-26　[交] JR渋谷駅より徒歩7分
[時] ランチ 12:00 ～ 15:00、ディナー 18:00 ～ 22:00
[休] 日曜

Take out　Delivery

Menu

Strawberry Goji
950円

いちご、りんご、バナナ、クコの実、ココナッツミルク

Menu

Coco Fig   928円

イチジク、りんご、マンゴー、クコの実、ココナッツミルク

Menu

Kale Green   950円

ケール、りんご、バナナ、パイナップル、クコの実

おいしい野菜とフルーツを、
手軽にたっぷり摂りたいから

渋谷

Trueberry

トゥルーベリー

All Vegan

Gluten Free	Alcohol Free	GMO Free	Caffeine Free	Sugar Free	Oriental Vegan

　忙しい毎日の中で、手軽に栄養をとれるジュース、スムージーを手にする暮らしを提案する。ストレスや運動不足で滞りがちな老廃物などをデトックスしたり、疲労回復して美肌や活力を手に入れたりするために、野菜やフルーツは必要不可欠。余計なものは一切入れずに、自然のものを自然のままに体へ取り込めるため、心身が回復するのを実感できる。

　生産者とのつながりも重視し、野菜やフルーツ、ハーブは全国各地からオーガニックのものをチョイス。シンプルに素材がおいしいということにこだわった。メニューはすべて、ヴィーガンパティシエの岡田春生さん監修なので味も間違いなし。おいしく飲んで健やかな体を手に入れよう。

7階と8階の吹き抜けスペースでゆったり

レジ横の焼菓子（410円〜）も試したい

Shop Information

[電] 03-4221-0244 　[住] 渋谷区渋谷2-24-12 渋谷スクランブルスクエア7F
[交] JR渋谷駅直結　[時] 10:00 〜 21:00
[休] 不定休　※渋谷スクランブルスクエアに準ずる

Take out **Delivery**

どこか懐かしさを感じる、
南インド風のカレー

渋谷

Have More Curry

ハブモアカレー

Option

Gluten Free	Alcohol Free	GMO Free	Caffeine Free	Sugar Free	Oriental Vegan

　渋谷と代官山のほぼ中間にある、野菜を中心としたオリジナルスパイスのカレー店。ターメリックライスが付く南インド風のカレーセットは2種類、ヴィーガン対応のものとチキンを使ったものが用意されている。オプションのトッピングなどで楽しんだり、アラカルトを別途注文したりすることもでき、シンプルながらさまざまな組み合わせで飽きの来ない工夫がされている。

　カレーによく合うオリジナルのスパイスドリンクも魅力。レモングラスティー、黒カルダモンのジュース、オレンジシュラブ、青いレモネード など、独特なラインナップにも注目したい。

青いフレームが印象的な
外観が目印

半地下ながら明るい青を基調
としたさわやかな店内

Shop Information

[電] 03-6416-1099　[住] 渋谷区猿楽町2-13　F93Daikanyama1F
[交] JR渋谷駅より徒歩9分、または東急線代官山駅から徒歩9分
[時] 11:30 〜 22:00（21:00LO）　[休] 無休

Take out **Delivery**

心と体にやさしい味は、
大切な方へのおもたせにも

Menu

プリン
660円〜

プレーン、ごま、抹茶
の3種類

Menu

ケーキ
700円〜

苺ショート、モンブラ
ン、チョコチップレア
チーズ、ティラミスな
ど種類も豊富

代官山

premium SOW

プレミアム ソウ

All Vegan

Gluten Free	Alcohol Free	GMO Free	Caffeine Free	Sugar Free	Oriental Vegan

　体にやさしく、罪悪感なくおいしいものを食べたいという欲求を満たしてくれるスイーツ店。いつまでも美しく、健康であるために、ヴィーガンとグルテンフリーを選択したという。見た目も華やかでおいしそうなスイーツの数々、ヴィーガンケークサレなどの軽食は、おもたせにピッタリ。奥にはパーソナルトレーニングジムのAin Tiphereth（アイン ティ ファ レト）を併設し、食と運動のバランスの重要性を提案している。

　ギルトフリーでおいしいスイーツは、お届け先にも喜んでもらえること請け合い。ここでスイーツを購入するために、代官山へ立ち寄る価値がある。

イートインできるスペースもある

vegan アイスクッキーサンド　650円〜

グルテンフリーで、店内のアイスクリーム全8種類に対応

Shop Information

[電] 03-5422-3390
[住] 渋谷区代官山町 12-16 シンフォニー代官山 103　[交] 東急線代官山駅より徒歩5分
[時] 11:00 〜 18:00　[休] 木曜　※不定休あり　**Take out** **Delivery**

「肉汁」滴るハンバーガーで、ヘルシーファストカジュアル

Menu

**テラバーガー
ドリンク＆ポテトセット
（クラシック）
1480円**

ボリューミーなパティ
は、まるでジューシー
な肉のよう。グルテン
フリーのバンズはプラ
ス100円

Menu

**ブッダボウル
（ケイジャン・ベジチキン）
1480円**

アメリカ西海岸発祥の
ヴィーガンサラダボウ
ル。大豆ミートは鶏サ
サミ肉のような食感に
仕上がっている

代官山

Terra Burger & Bowl

テラ バーガー アンド ボウル

All Vegan

Gluten	Alcohol	GMO	Caffeine	Sugar	Oriental
Free	Free	Free	Free	Free	Vegan

　ブッダボウルを提供してきたWholefoods Marugoto Foodtruckと、ヴィーガン食品を展開してきたTerra Foodsが手を結び、ハンバーガーとブッダボウルを提供する「Terra Burger & Bowl」が誕生。肉汁が滴るようなパティを開発してハンバーガーをつくり、ファーマーズマーケットやイベントで人気だったものを提供する。また、アメリカ西海岸発祥で、ボウルに穀物、野菜、ナッツなどが入っているブッダボウルは、日本の丼もののように手軽に食べることができると評判。季節の野菜とともに、歯ごたえもまるでお肉のように仕上げられた大豆ミートなどが入っており、ボリューム満点だ。

アフォガート　1000円
濃厚な豆乳アイスは絶品！

SARUGAKUという商業施設
の一角にある

Shop Information

[電] 050-8880-1364　[住] 渋谷区猿楽町26-2 SARUGAKU C棟 B1F　[交] 東急線代官山駅より徒歩5分　[時] 火～土曜11:30 ～ 23:00 ／日曜、祝日11:30 ～ 18:00
[休] 月曜

Take out **Delivery**

好 奇 心 を か き た て る 、
ア ー ト 感 覚 の 「 ？ 」 が 魅 了

代官山

hatena 代官山

ハテナ だいかんやま

All Vegan

 Gluten Free Alcohol Free GMO Free Caffeine Free Sugar Free Oriental Vegan

　代官山駅から徒歩4分、急な坂道を下る途中に、木彫りのおじさんが立っている。その上の方をよく見ると、「？」のマーク。ヴィーガンドーナツのサンドイッチがメインメニューのおしゃれなカフェだ。照り焼きチキンやチキンタツタといった大豆ミートの肉を挟んだ食事系のドーナツサンドや、クリームやフルーツを使ったスイーツ系のドーナツサンドがある。

　入り組んだ場所にある店ながら平日でも人が途切れない人気店。開放感があるテラス席で、昼下がりの時間を静かに過ごせば贅沢な気分になる。アーティスティックな雰囲気も楽しい。

　居心地の良い空間でボリューミーなドーナツバーガーをほおばりたい。

坂の途中にある白い建物を
見つけて

オープンテラスもある風通し
のよい空間

Shop Information

[電] 03-6416-4270　[住] 渋谷区代官山町10-3代官山弐番館1F
[交] 東急線代官山駅より徒歩4分　[時] 火～木曜は15:00～20:00／金～日曜は15:00～22:00
※不定期　[休] 月曜　※不定休　　　　　　　　　**Take out** **Delivery**

店もカラフル、食べ物もカラフル、
でも映える…だけじゃない！

マジックアイス　1500円〜

Menu

食べることで健康になることを追求した「マジックアイス」。一番人気は、スーパーフードのスピルリナとスタッフ自ら手摘みした無農薬のブルーベリーを使ったシロップ

代官山

Shundra Pandra

シュンドラ パンドラ

Option

 Gluten Free
Alcohol Free
GMO Free
Caffeine Free
 Sugar Free
 Oriental Vegan

代官山の駅からほど近くに、目を引く派手な店がある。ShundraPandra は、独創的なかき氷と焼き芋を中心とした飲食店。スーパーフードやスパイスをふんだんに使用しているメニューは、医学博士が監修し低 GI で低カロリーに仕上げている。店内の色も心理学にアプローチしてコーディネートされており、中東やインドのターバンやサリーなどの民族衣裳をイメージさせる色鮮やかなインテリア。派手な色使いであるにもかかわらず、なぜかそこに居ついてしまいたくなるような不思議な落ち着きがある。

メニューについてはスタッフが丁寧に説明してくれるので、いろいろ質問してみるのも楽しい。ヴィーガン対応でグルテンフリーのタコ焼き（1200円）などもあるので、いろいろと試しに通いたくなる。

これほどたくさんの色を使っているのに、なぜか落ち着く

ターメリックラテ　600円

低 GI なので安心。いろいろなスパイスで試したい

Shop Information

[電] 03-6455-3553　[住] 渋谷区代官山町17-4　代官山アドレスザレジデンスＤ棟104
[交] 東急線代官山駅より徒歩2分　[時] 8:00 ～ 18:00（金・土曜は～ 22:00）
[休] 不定休　　　　　　　　　　　　　　　　　Take out　Delivery

中東料理をベースにシンプルで大胆に。
雑穀、スパイス、ハーブをふんだんに

Menu

**枝豆のファラフェル、
ビーツフムスと
ブラックタヒニ、
ピタパン
1400円**

豆のコロッケのような
ファラフェル、豆をペ
ーストにしたフムス、
黒ゴマのペースト・ブ
ラックタヒニ、ポケッ
トパンともよばれるピ
タパン

Menu

**マブチャ
地中海風茄子と
パプリカの
トマト煮込み
1200円**

茄子とパプリカをトマ
トとスパイスで煮込ん
だ料理「マブチャ」

広尾

Salam

サラーム

Gluten	Alcohol	GMO	Caffeine	Sugar	Oriental
Free	*Free*	*Free*	*Free*	*Free*	*Vegan*

Option

　エグゼクティブシェフの米澤文雄氏は、NYの三ツ星フレンチ「ジャン・ジョルジュ」の修業時代にヴィーガンに出合って以来、ヴィーガン料理をより魅力的に提供することに努めてきた。現在では「ヴィーガン・レシピ」（柴田書店）というレシピ本を出すほどヴィーガンに精通。その米澤氏が手がけるミドルイースタンレストランでは、ファラフェルやフムス、タヒニ、マブチャといった異国情緒を感じさせる中東料理をヴィーガンで楽しむことができる。

　ひよこ豆で作るのが一般的なファラフェルを枝豆でアレンジしたり、同じく本来はひよこ豆でペーストをつくるフムスはビーツを使ってピンクに仕上げるなど、そのセンスはさすが。豊かな色彩感覚でつくられるメニューは、NYを感じさせる。

カウンターのみ。おしゃれな雰
囲気のフードコートになっている

**ローズウォーター
ライムエイド　700円**

*バラの香りとライムのさわ
やかさでスッキリ*

Shop Information

［電］070-4230-9547　［住］渋谷区広尾5-4-16 EAT PLAY WORKS1F ／ THE RESTAURANT
［交］地下鉄広尾駅より徒歩1分　［時］ランチ11:30 ～ 14:30（13:30LO）、ディナー17:30 ～ 23:00
（22:00LO）　［休］無休　※EAT PLAY WORKSに準ずる　　**Take out** **Delivery**

誰もが迷わずに、
食べられるスイーツ

Menu

**苺のヴィーガン
ショートケーキ
ホール4644円／
ピース734円**

一番人気。アレルギー
があっても食べられる
と、誕生日にも重宝。
ホール・ピースともに
要予約

Menu

**チョコレート・
ロールケーキ
ホール 3024円**

ビターな風味が大人の
時間を演出してくれる
ホールケーキ

広尾

hal okada vegan sweets lab

All Vegan

ハル オカダ ヴィーガン スイーツ ラボ

Gluten	Alcohol	GMO	Caffeine	Sugar	Oriental
Free	Free	Free	Free	Free	Vegan

　パティシエの岡田春生さんは、かつて洋菓子店で、卵や乳製品を使わずに誕生日ケーキが作れないかという注文を断っていたそう。しかし、卵も乳製品も口にすることができない人は、普通の洋菓子を生涯食べることができないと思うと、何とかして食べてもらいたいと思うようになった。行きついた先は「ヴィーガン」。一念発起してその研究に邁進した。結果、たぐいまれなヴィーガンケーキをつくり出す職人として、日本だけでなく、世界から注目を集めることとなった。スポンジのふっくら、しっとりとした風合いは食べてもヴィーガンだと気がつかない人も多い。これからも店名に違わず、ヴィーガンスイーツをますます進化させる研究所として業界をけん引していく。

**豆乳のなめらかチーズ
ケーキ　730円**

豆乳のなめらかな口どけと
さわやかな味わい

カラフルで春のような色使いの
看板が目印

Shop Information

[電] 非公開　[住] 渋谷区広尾5-4-18 1F
[交] 地下鉄広尾駅より徒歩1分
[時] 11:00 〜 19:00　[休] 水曜

Take out　Delivery

**ヴィーガンチーズと
ズッキーニのスープ
1650円**

夏らしい味わいのスー
プ。季節の食材の変
化を楽しむ

**雑穀と発芽豆のパテ
フランボワーズと
マーガオのソース
2750円**

軽く食べられるため、
コースとして楽しむほ
かに、肴としても

オーガニック食材の、
本当のおいしさを知ってほしい

駒場東大前

ape cucina naturale

アーペ クッチーナ ナチュラーレ

Option

| Gluten Free | Alcohol Free | GMO Free | Caffeine Free | Sugar Free | Oriental Vegan |

　井の頭線の駒場東大前駅から日本民藝館を目指し、日本民藝館西館の脇から東大駒場リサーチキャンパスに入ると、生研AN棟という建物がある。その1階に入っているのが、ape cucina naturale。前菜やスープなどを単品で注文し、ヴィーガンフレンドリーのワインを一杯飲んでから帰るというのも、大人な時間の過ごし方としておすすめ。コース料理はいずれも要予約。ベジタリアンコース（7700円）の予約時にヴィーガンなどの好みを伝えて。通販でもヴィーガンコースをオーダーできるほか、オーガニックパスタのジロロモーニシリーズなどは、店頭で購入できるのがうれしい。ゆとりある空間は、パーティなど人が多く集まるときにも使い勝手がいい。

天井が高く開放感のある店内

フィンカエンゲラロザート　1000円

ヴィーガン認証を得ているワインも用意

Shop Information

[電] 03-5452-6092　[住] 目黒区駒場4-6-1東大駒場リサーチキャンパス内 生研AN棟1F
[交] 京王線駒場東大前駅より徒歩10分　[時] ランチ11:30 〜 15:00（13:30LO）、ディナー18:00
〜 22:00（21:00LO）　[休] 日曜、祝日　　Take out　Delivery

プラントベースと、ヴィーガン

　日本でも「ヴィーガン」という言葉が知られるようになりましたが、「プラントベース」という言葉もよく聞かれるようになりました。プラントベースとは、もともと英語圏では動物性のものを使用しない食事のことを指します。ところが日本では、若干ニュアンスの異なる意味合いで使われることが多いようです。「植物性のもの（プラント）を基調としている（ベース）」ということであれば、少々の動物性のものはよいとする、というものです。

　確かに、すべてをいきなり植物性のものだけに切り替えるというのは、あまり現実的ではありません。植物性のものだけで生きようと思うと、日本ではまだまだ難しいことは事実です。ですから、本来の言葉の意味にたどり着く、その過程として、「プラントベース」という言葉を当てはめようという風潮になった、ということなのかもしれません。最近は外来語を日本語に翻訳するということ自体、あまりされなくなってきてはいるものの、何らかの言葉の整理が必要になるタイミングがあります。

　外来語とは、すなわち日本語。日本のニュアンスを多分に含んでいることが多いので、100％植物性のもの＝プラントベースとは、日本では思わない方がよいかもしれません。その点、ヴィーガンという言葉は、100％植物性のものとして定着しています。現時点での日本語としては、ヴィーガン＝完全菜食（100％植物性の食事を食べられる）、プラントベース＝植物性主体（100％とは限らないので、完全菜食を希望する人は注意が必要）、という意味合いになりそうです。

　日本ヴィーガン協会としては、完全菜食としてのPlant Basedと、OptionとしてのPlant Basedを2区分に分け、認証を推奨していきたいと考えています。

新宿・池袋
Area

以前からアジアンレストランが多いエリアなだけあり、入りやすい庶民派スタイルの店が多い。バラエティ豊富な料理のメニューも魅力的

Menu

**季節野菜の
発酵アヒージョ
1380円**

自家製の醤（ひしお）とオーガニ
ックオリーブオイルを
使用

Menu

**miso カカオ・
ローブラウニー
830円**

隠し味に味噌を使った
ローブラウニー

時間をかけて、
こだわってつくるからおいしい

　　　　人と食をつなげるダイニングバー Linio

曙橋

人と食をつなげるダイニングバー Linio

All Vegan

ひととしょくをつなげるダイニングバー リニーオ

Gluten Free	Alcohol Free	GMO Free	Caffeine Free	Sugar Free	Oriental Vegan

　エスペラント語で「線」を意味するLinio。点から線へ、そして面や形へと姿を変えるように、一人一人がつながることで、みんなが活力ある豊かな人生を送るきっかけになる場所を作りたいという思いとともに誕生した。

　本当においしい野菜を楽しんでもらうため、使用する食材は自然栽培のものにこだわり、豆乳や豆腐、発酵調味料も、手間暇をかけてシェフ自らつくっているという。発酵食品を多く取り入れながら、恵み豊かな自然の味を味わう喜びを感じることができる。

　カウンターやスタンディングスペースではふらっと立ち寄った客同士が交流することもでき、地元の常連客に愛されている。一部グルテンフリーにも対応。

レンガ調の建物に深い
グリーンが印象的

**自家製ジンジャーエール
750円**

スパイスの効いた味わいで、これだけを目当てに訪れたいほど

Shop Information

[電] 03-3353-8070　[住] 新宿区市谷台町4-1 ニシオハイツ1F　[交] 地下鉄曙橋駅より徒歩5分
[時] ランチ11:30 〜 15:00（14:30LO）、ディナー 17:00 〜 22:00（フード 21:00LO、ドリンク21:30LO）　[休] 月・火曜　**Take out** **Delivery**

野性味あふれる肉らしさに驚く。
地球環境を考えた未来食

池袋

The Vegetarian Butcher

ザ ベジタリアン ブッチャー

Option

Gluten	Alcohol	GMO	Caffeine	Sugar	Oriental
Free	Free	Free	Free	Free	Vegan

環境先進国オランダで誕生したThe Vegetarian Butcherは、ヨーロッパを中心に、世界45ヵ国に進出している。日本初上陸は、開発が進んで新しい街へと変わりつつある池袋に決まった。客層の8割は女性だが、男性客も入店してくるのは、ガッツリ系の食事で完成度の高い次世代の「肉」を提供しているからだといえる。バーガーの見た目もかなりのインパクトがあり、それも人気の一因となっている。

　店舗でも食べることができるが、デリバリーの範囲も随時拡大中。肉を日常的に食べる人が野菜食を取り入れやすいため、体づくりに熱心な人から健康志向の人まで、着々とファンを増やしている。

店先で水耕栽培されている
葉物野菜

イートインもできるが、「プラント
ベースドミート」の購入もできる

Shop Information

[電] 03-6903-1211　[住] 豊島区西池袋3-29-9　C3ビルB1F
[交] JR池袋駅より徒歩7分　[時] 11:30 ~ 22:00
[休] 火曜

Take out Delivery

世界中の人が集まって、
仲よく楽しく過ごせる場所へ

Menu

おばんざいプレート
1000円

異国の味、郷土の味が
少しずついろいろ楽し
める

Menu

ヴィーガンボウル
1000円

がっつり食べたいとき
におすすめ。ミートボ
ールのライスボウル

All Vegan

大塚

slow | bed n chair
スロー ベッド アンド チェアー

Gluten Free	Alcohol Free	GMO Free	Caffeine Free	Sugar Free	Oriental Vegan

ホステルを併設しているカフェ slow | bed n chair には、外国人が多く集う。そのため、文化や宗教的な背景を気にせずに食べられるヴィーガンを選択した。居心地のよい場所、空間を演出して、多くの人に気軽に来てもらうことによって、環境負荷も減らすことができたらという思いが込められている。店内はナチュラルテイストながら、リユースのドアがテーブルになっていたり、碁盤が置かれているなど、個性的なインテリアもポイント。中央にある大きな一枚板のバーは、落ち着ける空間となっている。植物性の食事のほか、こだわりのコーヒーやクラフトビールも楽しめ、地域の人にも愛される店として定着している。

素敵なロゴとおしゃれな雰囲気に誘われる

こだわりのコーヒー300円とケーキでティータイム。健康茶を食事に添える人も多い

Shop Information

[電] 03-5810-1807
[住] 豊島区南大塚2-34-4　[交] JR大塚駅より徒歩5分
[時] 11:30 〜 22：00　[休] 日・月曜、祝日

Take out **Delivery**

Menu

ORANGE CHOCOLATE ALMOND
オレンジショコラアーモンド
1078円

ヴィーガンクレープ。チョコレートとオレ
ンジの組み合わせは最高峰

美しく、おいしいスイーツを、
多くの人が楽しめる喜び

新宿

wired bonbon
ルミネ新宿店

ワイアード ボンボン ルミネしんじゅくてん

Option

Gluten Free / Alcohol Free / GMO Free / Caffeine Free / Sugar Free / Oriental Vegan

　パリのアパルトマンをイメージして作られた、色合いもかわいいカフェは、WIRED CAFEの姉妹店。スイーツに特化し、ヴィーガンスイーツを楽しめるカフェとして知られる。植物性の食材を100％使用してつくられるスイーツの数々は、何度口にしてもヴィーガンとは信じがたいほどのクォリティ。それでいて口当たりが軽いので、ギルトフリーで後味スッキリ。

　食事メニューはヴィーガン対応ではないものもあるが、スイーツは100％植物性ベース。目の前にしただけで豊かな気分になれるおいしいスイーツの数々に、何度も通いたくなる。

**ストロベリーボンボン
1408円**

看板メニュー。イチゴとアーモンドソフト、シリアルが潜む

大人っぽさとかわいらしさが混在する

Shop Information

[電] 03-6304-5755　[住] 新宿区西新宿1-1-5 ルミネ新宿1 6F　[交] JR新宿駅より徒歩1分
[時] 11:00 〜 22:30（フード21:45LO、ドリンク22:00LO）　[休] 無休　※ルミネ新宿店に準ずる

Take out　Delivery

Menu

**スペシャルカスタム
デコレーション　3370円〜**

記念日に大好評のオリジナル
スペシャルカスタムデコレー
ションを施したホールケーキ
は、9cm、18cmのショート
ケーキベース。15cmのサイズ
や21cmのタルトケーキも対
応可能

新宿御苑の森の前に、
華やかで麗しいスイーツの店

新宿御苑前

marbre vegan

マルブル ヴィーガン

| Gluten Free | Alcohol Free | GMO Free | Caffeine Free | Sugar Free | Oriental Vegan |

　新宿御苑の旧新宿門前にあるmarbre vegan。駅からのアクセスもよく、新宿御苑の豊かな緑を望みながら、優雅な気分で過ごせるケーキ店。食べて元気になる「おいしいヴィーガン」が世界に広がるようにと、吟味した食材を使って美しく完成度の高いスイーツを提供。グルテンフリーやアルコールフリーはもちろん、大豆やナッツも使用せず、アレルギー食材の要望にも対応している。糖質制限や食文化、ライフスタイルに合わせた特別な注文にも細やかに応じながら、常に進化を続けている。スイーツのほか、自家製サンドイッチ750円なども人気なので試してみたい。

イチゴショート　715円／
プレミアムプリン　825円
低糖質杏仁豆腐　825円

スイーツの種類も豊富

新宿御苑の旧新宿門に面しているので、
緑豊かな景色が楽しめる

Shop Information

[電] 03-6380-6898　[住] 新宿区新宿2-1-5 パークサイドスクウェア1F
[交] 地下鉄新宿御苑前駅より徒歩1分　[時] 11:00〜19:00（18:00LO）
[休] 無休

Take out **Delivery**

Menu

**ヴィーガンサラダ
サンド 1518円**

ドレッシングはマイル
ド、スパイシー、マイ
ルド＆スパイシーから
選べる

Menu

**ヴィーガンハンバー
グサンド 1595円**

プラス275円でポテト
フライ（単品495円）
をセットにできる

ヘ ル シ ー 野 菜 が た っ ぷ り 入 っ た 、
ヴ ィ ー ガ ン サ ン ド イ ッ チ

新宿御苑前

&sandwich.

アンド サンドイッチ

Option

| Gluten Free | Alcohol Free | GMO Free | Caffeine Free | Sugar Free | Oriental Vegan |

新鮮野菜がたっぷり入った迫力のサンドイッチが魅力で、ヴィーガンやベジタリアンでなくても、おいしい野菜を求める人に評判のサンドイッチ専門店。2015年に渋谷でBARを間借りする形で創業し、2017年に新宿御苑近くに店舗を構えた。"コーヒーとサンドイッチ"、"友人とサンドイッチ"など、大切な場面にはおいしいサンドイッチがあってほしいという思いが店名になった。

目の前が新宿御苑なので、テラスで緑を眺めながらランチができるほか、テイクアウトして新宿御苑で食べるのもおすすめ。どちらもちょっとしたピクニック気分で、リフレッシュできる。疲れている時に訪れたい場所だ。

明るい店内から新宿御苑の
緑が見える

テラス席もあるので
開放感も抜群

Shop Information

[電] 03-6709-9455　[住] 新宿区新宿1-5-7 スキラ御苑1F
[交] 地下鉄新宿御苑前駅より徒歩2分　[時] 8:00 〜 18:00 （17:00LO）
[休] 月曜（月曜が祝日の場合は翌日）　※臨時休業などはHP参照　**Take out** **Delivery**

おいしい野菜をたくさん食べられる、
会社帰りに寄りたい居酒屋さん

新宿三丁目

お野菜小皿料理のワインバル KiboKo

おやさいこざらりょうりのワインバルキボコ

| Gluten Free | Alcohol Free | GMO Free | Caffeine Free | Sugar Free | Oriental Vegan |

　Kiboko はスワヒリ語で「カバ」を意味するそう。もともと英語でカバと名付けた店だったところ、移転とともに改名をしなければならず、カバを目印に来てくれていた方にもまた来てもらえるようにとこう名付けた。以前、仕事に追われて食事に気を遣えなくなったとき、ストレスで体調を崩したときがあるというオーナーの沼波さん。新宿には働く女性がたくさんいて、少しでもよいものを食べて、楽しく過ごしてもらいたいという思いで、居酒屋というスタイルでお店を開いたのだとか。本当に「うまい！」と思える野菜を作っている農家の畑に通ううち、「これこそがニッポンの宝だ！」と思い、その農家の野菜を提供。人気の店となった。

手づくり感にぬくもりを感じる。
店内にはいろんなカバが隠れている

パクチー餃子　800円
Kiboko で不動の人気No.1

Shop Information

[電] 03-6380-1709　[住] 新宿区新宿 2-5-8 志村ビル 4F
[交] 地下鉄新宿三丁目駅より徒歩 3 分　[時] 18:00 〜 23:00（21:00LO）
[休] 日〜火曜　※営業時間、定休日は HP を参照　Take out　Delivery

Menu

**Enの畑　12種盛り
4180円**

たっぷり野菜の前菜。
9種盛り（3190円）、
6種盛り（2200円）
もある

Menu

**厳選野菜のバーニャ
カウダ
大2398円／小1738
円**

アンチョビを使わない、
ヴィーガン仕様のバー
ニャカウダ

自然派野菜のイタリアンは、
生産者の顔が見える安心食材で

高田馬場

En

えん

Option

| Gluten Free | Alcohol Free | GMO Free | Caffeine Free | Sugar Free | Oriental Vegan |

外食でも旬の野菜をたっぷり食べて、健やかな体と心で満たされてほしいという願いでつくられた、高田馬場のイタリアンレストラン。自然派の食材が全国から集まり、生産者の名前や産地がわかるようになっている。オーナーシェフの鳥海さんは、イタリアのミシュラン一つ星を獲得したベジタリアンレストランの老舗「JOIA」で修業し、野菜をたくさん食べることの大切さを肌で感じ取ったのだと言う。おいしく食べるために素材本来の旨みを引き出す調理法にもこだわる。

彩り豊かな多種類の野菜が目の前に出されると、それだけで歓声が上がる。口にしてより一層の感動を覚えることは間違いない。

調味料や野菜の店内販売も充実

緑の外観が街の雰囲気に馴染んでいる

Shop Information

[電] 03-5287-5991　[住] 新宿区高田馬場2-14-5 サンエスビル1F　[交] JR高田馬場駅より徒歩1分、または地下鉄西早稲田駅より徒歩7分　[時] ランチ11:30〜14:30(13:30LO)、ディナー18:00〜22:00(21:30LO)　※土・日曜、祝日は17:30〜22:00（21:30LO）　[休] 無休　**Take out** **Delivery**

Menu

**SUNDAY VEGAN
コロッケバーガー
520円**

一番人気のコロッケバー
ガー。タルタルソースが
かかってボリューム満点

Menu

**メロンパン
240円**

ヴィーガンでは珍しい
メロンパンも人気

Chocolate comet

Menu

**チョココロネ
330円**

ビターな仕上がり
が人気のチョココ
ロネもヴィーガン

Melon Bread
メロンパン
ココナッツオイルを使った
ザクほろ メロンパン！
¥240

ヴィーガンベーカリーとコラボした
日曜日のALLヴィーガンパンDAY

西新宿五丁目

MORETHAN BAKERY

モア ザン ベーカリー

Option

| Gluten Free | Alcohol Free | GMO Free | Caffeine Free | Sugar Free | Oriental Vegan |

　ホテル The KNOT TOKYO Shinjuku 内に入る。世田谷代田にある100％ヴィーガンのベーカリー「Universal Bakes and Cafe」（P194）とコラボしたヴィーガンパンを一部取り扱っている。毎週日曜日には「SUNDAY VEGAN」として、全商品がヴィーガンパンのラインナップに。ヴィーガンを扱うベーカリーであることを知らず、リピートする人も多い。

　まるで外国にあるようなクールモダンなたたずまい。新宿中央公園の目の前なので、晴れた日にはパンを買って公園へ行き、ピクニック気分を味わってみるのもいい。

焼きたてパンが、
定期的に並べられる

レジ横のショーケースにあるフルーツサンド（850円）やサンドイッチなども人気

Shop Information

[電] 03-6276-7635　[住] 新宿区西新宿4-31-1　The KNOT TOKYO Shinjuku
[交] 地下鉄西新宿五丁目駅より徒歩5分　[時] 8:00 〜 18:00　[休] 無休

Take out Delivery

Menu

ローズマリーレモネード　440円

自家製。ローズマリーがアクセントに。華やかな風味に仕上がっている

Menu

SUPERIOR BURGER 1485円

写真はダブル。シングルは1100円。プラス385円でフライドポテトかフライドハッシュポテトがつく

あ ふ れ 出 る 「 肉 汁 」 、
植 物 性 1 0 0 ％ と 気 づ か な い 質 感

西早稲田

GREAT LAKES

グレート レイクス

All Vegan

Gluten Free	Alcohol Free	GMO Free	Caffeine Free	Sugar Free	Oriental Vegan

　オープン当初はヴィーガン非対応のメニューもあったというが、すぐにAll Veganに舵を切った。アメリカの五大湖を意味するGREAT LAKESのうち、スペリオル湖、ミシガン湖、オンタリオ湖をハンバーガーのメニュー名に採用している。本場アメリカのスケール感を持つ迫力のハンバーガーを、日本でも植物由来の食材で楽しめる店が増えてきた中で、GREAT LAKESのクオリティは高評価だ。本格的なヴィーガンライフを送る人でも驚くほどの「肉」らしさが追求されている。シェイクなど、ハンバーガーショップで食べるジャンクなメニューも植物性で再現されており、何度行っても楽しめる。

独創的なイラストの壁紙に目が奪われる

路地を入ってすぐ、四角い看板が目印

Shop Information

[電] 03-6278-9286　[住] 新宿区西早稲田3-27-4 第一キャラット河俣ビル1F
[交] 地下鉄西早稲田駅より徒歩4分、またはJR高田馬場駅より徒歩6分
[時] 11:00 〜 22:00（21:00LO）　[休] 月曜　　**Take out** **Delivery**

アメリカ西海岸のセレブが通う、
デリとワインバーをイメージした目白の新名所

Menu

BEAST BURGER
シングル1200円／ダ
ブル1600円／トリプ
ル2000円

ソースはバーベキュー、
タルタル、スパイシー、
ケチャップ＆マスター
ド、テリヤキから選べ
るので、味を変えて楽
しめる

Menu

3Dish Combo
1500円

デリから3種を選び、
玄米かヴィーガンブレ
ッドを選べる

目白

LA VIGNE AKIKO×VEGETARIAN BEAST

ラ ヴィーニュ アキコ ベジタリアン ビースト

| Gluten Free | Alcohol Free | GMO Free | Caffeine Free | Sugar Free | Oriental Vegan |

　新たな食のジャンルとして自分たちのヴィーガンを選択してもらえるようなメニューを開発したいという思いで、独自の道を歩むLA VIGNE AKIKO x VEGETARIAN BEAST。日本はヴィーガンやプラントベースといったところでまだまだ遅れていると感じて、カフェをオープンした。農薬や添加物から解放された健康的な食事を提供するよう努めている。

　ヴィーガン生食パンなど、パンは生地からすべて手作り。たっぷりのオーガニック野菜や完全無添加の調味料を使い、本格ヴィーガンパン＆スイーツ、ヴィーガンデリなどを提供している。店内は落ち着いた雰囲気で、カウンターとテーブルでメニューを楽しめる。

JR目白駅から徒歩2分の
好立地にある

ヴィーガンカレーパン　300円
揚げたては特においしく、人気

Shop Information

[電] 03-6822-6090　[住] 豊島区目白3-14-18　ヒカリハイツ1F
[交] JR目白駅から徒歩2分　[時] 11:00 〜 20:00
[休] 月・日曜、祝日

Take out　Delivery

ヴィーガンフレンドリーって、どういうこと？

　たとえばワイン。ワインには「オリ」といわれる不純物が浮遊することがあります。濁りの原因となるため、オリを沈めて上澄みをすくい取るという工程が、ワインをつくる過程で生まれます。「オリ引き」というそうですが、ここからさらに透明度を高めるための工程が「清澄」で、このときに使われる「清澄剤」に、動物性由来の素材が混入していることがあります。この動物由来の「清澄剤」を植物由来に徹底して、ヴィーガンが安心して飲むことができるワインは、ヴィーガンフレンドリーワインと呼ばれています。

　食品の世界だけでなく、化粧品、理美容、ファッション、各業界に広がりを見せつつあるヴィーガンフレンドリー。Nike、Reebok、ディズニーも、ヴィーガンフレンドリーを宣言して大きな話題となりました。東京ディズニーリゾートでも、ヴィーガン対応のメニューが一部に用意されています。環境問題がかつてないほどの危機感をもって世界的に取り組まれようとする中、ヴィーガンという選択肢は企業にとっても重要な意味を持ちます。企業がヴィーガンフレンドリーを選択し、環境問題の取り組みのひとつとする流れは、これからも続いていくと考えられています。

　ヴィーガンの食事、ライフスタイルを後押しする活動や、製品をヴィーガンフレンドリーとして身近に感じられるようになることは、ヴィーガンという選択肢を継続するためにも、大きな励みとなるでしょう。

▶ ape cucina naturale（アーペ クッチーナ ナチュラーレ）（→P118）で紹介したヴィーガンフレンドリーのオーガニックワイン「Finca Enguera ROSADO（フィンカ エンゲラ ロサート）」

銀座・六本木
Area

「大人の街」という印象が強いエリアなだけあり、ハイセンスな店が多い。また国際色も豊かなため外国人対応に慣れている店が多いのも特徴

健康や環境につながる、
植物由来のサンドイッチ

六本木

大泉工場　NISHIAZABU

おおいずみこうじょう ニシアザブ

All Vegan

| Gluten Free | Alcohol Free | GMO Free | Caffeine Free | Sugar Free | Oriental Vegan |

コンビニエンスストア感覚で、ヴィーガンとは知らないまま気軽にフラッと入ってきてもらいたい。オーガニックや、プラントベース、ヴィーガンなど、自然に興味を持ち、環境のことや持続可能な社会のことを知ってもらえる。そんな場所を目指している大泉工場　NISHIAZABU は、独自の目利きで仕入れた野菜でサンドイッチやカレーなどを提供している。今後はこのような店舗をもっと増やしていきたいという。

店内ではオーガニックの食材や調味料が販売されており、中でもプライベートブランドとして開発したコンブチャやクレンズなどのラインナップに注目。店のメニューに使用している食材を、そのまま買うことができるのもうれしい。

明るくて開放的。さわやかな店内

**プラントベースボウル
マイルドスパイスカレー
1100円**

具だくさんなのがうれしい
カレーボウル

Shop Information

[電]03-6427-4749　[住]港区西麻布2-13-13　[交]地下鉄六本木駅から徒歩8分
[時]9:00 ～ 20:00　（日曜・祝日は～ 18:00、金曜は17:00 ～ 22:00）
[休]無休　　　　　　　　　　　　　　　　**Take out**　**Delivery**

Menu

**焼き筍とアスパラの
うどん
1188円**

季節のメニュー。焼い
たタケノコが香ばしい、
旬を感じるうどん

Menu

**春キャベツと新玉ね
ぎのヴィーガンクリ
ームうどん
1518円**

季節のメニュー。旬の
山菜が入るうどんがヴ
ィーガンで楽しめる

「うどん」の概念を覆し、
うどんの懐の深さを知る

麻布十番

麺 cuisine 麻布邸

めん キュイジーヌ あざぶてい

All Vegan

Gluten Free	Alcohol Free	GMO Free	Caffeine Free	Sugar Free	Oriental Vegan

　東京でヴィーガンのうどんが食べられるところといえば、麻布十番の麺 cuisine 麻布邸。関西に比べてうどんの馴染みが薄い東京へ、大阪から乗り込んできた。和のだしをベースに、薬膳カレーやエスプーマを使った新しい調理法などを取り入れ、他にはないうどんを提供している。懐かしさと新しさを融合させたうどんは、ヴィーガン仕様のものも用意。国産の小麦を数種類使用し、糖質を普通のうどんの半分に抑えたという麺を開発した。体によくて、見た目もきれいなうどんを提供するべく、メニュー開発に日々取り組んでいる。

木のぬくもりがやさしい店内

旬の三浦野菜の薬膳ヴィーガンカレーうどん 1298円

季節の野菜が楽しめるのが魅力

Shop Information

[電] 03-6441-0351　[住] 港区麻布十番 1-9-9 柴崎ビル 1F
[交] 地下鉄麻布十番駅より徒歩2分　[時] ランチ 11:30 〜 15:00（14:50LO）、ディナー 17:00 〜 23:00（22:30LO）　[休] 月曜　**Take out** **Delivery**

Menu

ヴィーガンピザ
Mサイズ1300円／
Lサイズ2200円

ベースのピザに、いろ
いろな具材を好みに合
わせてトッピングできる

Menu

きのこと野菜のピザ
Mサイズ1700円
／Lサイズ2900円

焼きたてピザのこの香
りだけで、おすすめの
クラフトビールが進む

アメリカンスタイルの、
本格石窯ピザを堪能

六本木

Two Dogs Taproom

トゥー ドッグス タップルーム

Option

Gluten Free　Alcohol Free　GMO Free　Caffeine Free　Sugar Free　Oriental Vegan

　店内には店名にもあるように Taproom が設えてあるカウンターバーが備わり、国内外から集めてきたこだわりのオリジナルクラフトビールを飲むことができる。石窯で焼いた名物の本格ピザは一部ヴィーガンにも対応。その焼きたての香りに誘われ、ビールを飲みに来る人も多い。

　アメリカ人オーナーが日本人にアメリカの上質なクラフトビールを飲んでほしい、世界の人に日本のすばらしいクラフトビールを飲んでほしい、という思いで立ち上げた、ビール愛にあふれる店。

ワカモレディップ＆コーンチップス（900円）、ハーブサラダ（1000円）は、パーティにもおすすめ

天井が高く広々とした
空間が落ち着く

Shop Information

[電] 03-5413-0333　[住] 港区六本木 3-15-24 アリエスビル 2F　[交] 地下鉄六本木駅より徒歩 5 分
[時] ランチ 12:00 〜 14:30（14:00LO）、ディナー 17:00 〜 23:30（23:00LO）　※土・日曜、祝日はディナーのみ　[休] 無休

Take out　Delivery

中東料理を中心に、
世界中の人が楽しめる

サラダボウル 1500円

Menu

生の野菜がたっぷり食べられ、FARAFEL BROTHERS のファラフェルと
フムス(ひよこ豆のペースト)が楽しめる

六本木

The Brothers Corner　FARAFEL BROTHERS (All Vegan)

ザ ブラザーズ コーナー　ファラフェル ブラザーズ

Gluten Free	Alcohol Free	GMO Free	Caffeine Free	Sugar Free	Oriental Vegan

　ヴィーガン料理の専門店としてイスラエルで誕生したFARAFEL BROTHERSは、ファラフェルサンドがメインのファストフード店。2017年に日本に上陸して以来、六本木、渋谷、恵比寿と店舗を広げ、ファンを増やしてきた。2021年にFARAFEL BROTHERS六本木店のすぐそばにできたこの店は、FARAFEL BROTHERSの中東で食べられているひよこ豆のコロッケ（ファラフェル）をピタパンという薄焼きの小麦のパンにはさんだファラフェルサンドやバーガーのほか、ピザやホットサンド、スイーツなどメニューも豊富になった。アルコールも取り揃えられているので、ファラフェルをつまみながら一杯飲んで帰るのも楽しい。

店そのものが看板のようで
わかりやすい

ホットサンド　520円〜

姉妹店にはないピザやホットサンドはぜひ試したい

Shop Information

[電] 03-6910-5218　[住] 港区六本木5-1-11
[交] 地下鉄六本木駅より徒歩3分
[時] 8:00 〜 21:00　[休] 不定休

Take out　Delivery

**ukafe弁当
（ヴィーガン）
1430円**

色とりどりの旬の野菜
たっぷり。メインは定
期的に変わる。この日
のメインはテンペの照
り焼き

トータルビューティーカンパニー
ukaが営むカフェ

六本木

ukafe

ウカフェ

Gluten Free / Alcohol Free / GMO Free / Caffeine Free / Sugar Free / Oriental Vegan

　ヘア、ネイル、肌、体、心、家族、仲間、地球がもっときれいに、うれしくなることを増やしていきたいという思いで誕生したukaのトータルビューティーサロンは、都内に4店舗ある。六本木の東京ミッドタウンは、サロンに併設してカフェがある唯一の場所。季節の野菜をいただける店として、心と体にやさしいメニューが並ぶ。ヴィーガン対応のメニューも多く取り揃えており、サロンへ来店する前後に立ち寄る人が多いのはもちろんのこと、カフェのために通う人も多い。サロンへのデリバリーも行っている。

　2021年4月にリニューアルオープンし、メニューも一新。パワーアップしたメニューは、おいしいという感動だけでは語り尽くせない。

テラス席は晴れた日に利用したい

季節で変わるスープ
550円

この日は人参とココナッツ
のポタージュ

Shop Information

[電] 03-6438-9920　[住] 港区赤坂9-7-4 東京ミッドタウンGalleria2F ビューティーヘルスケアフロア　[交] 地下鉄六本木駅より3分　[時] 11:00 〜 21:00
[休] 無休　※東京ミッドタウンに準ずる

Take out **Delivery**

食べること、食事を作ることは、
生涯をかけての修行

Menu | **黒酢風味のソイカラ丼　980円**
新鮮でカラフルな野菜と、甘辛い味付けの大豆ミートの唐揚げ。ランチ
タイムに人気

虎ノ門

TENZO 西新橋店

テンゾ にししんばしてん

All Vegan

| Gluten Free | Alcohol Free | GMO Free | Caffeine Free | Sugar Free | Oriental Vegan |

　精進料理で有名な福井県の永平寺では、食も修行のひとつとして、食事を作ることは重要な役割となっており、その役職を典座という。店名のTENZOは、この「典座」に由来する。

　TENZOでは、「健康と笑顔は毎日の食事から」という思いで、100％ヴィーガン仕様の弁当や総菜を提供。100％植物性のおいしい食事を提供するために日々精進を重ねている。一番人気の黒酢風味のソイカラ（1480円）や、車麩のフライ（380円）は総菜としてテイクアウトにも最適。イートインで利用する際はスープやサラダのセットにしていただくのがおすすめ。

蔵をイメージした和の雰囲気

マフィン　380円
有機コーヒー　120円

ほっとひと息つけるテイクアウトメニューもある

Shop Information

[電] 03-6811-1183　[住] 港区西新橋1-22-4
[交] 地下鉄虎ノ門駅より徒歩4分　[時] 11:00 ～ 18:00
[休] 土・日曜、祝日

Take out Delivery

ボーダレスな"食"を楽しめる
多国籍カフェ＆ダイニング

Menu | **OMUNI エダマツィ　1200円**
ブータン風が珍しい、ジャガイモとヴィーガンチーズの青唐辛子炒め

有楽町

SOLEIL
~Global Cafe & Dining~

ソレイユ 〜グローバル カフェ アンド ダイニング〜

Option

Gluten Free | Alcohol Free | GMO Free | Caffeine Free | Sugar Free | Oriental Vegan

　明治時代のレンガを生かして、日比谷らしい大人の空間を演出している日比谷OKUROJIに、多国籍料理で食の多様性を目指すお店が誕生。ヴィーガンだけでなく、ハラルにも対応する料理が並び、バックボーンを気にすることなくひとつの食卓で料理を楽しむことができる。オーガニックの食材やスーパーフードもふんだんに使いながら、新しい食の形を提案している。

　料理をする人の国籍もさまざまなのは、日本初のトルコ製品輸入会社が手掛ける飲食店ならでは。欧米、中東、アジアなど、いろいろな国の料理を食べることができるのもうれしい。

重厚で存在感のある明治時代
のレンガのアーチ

オムニミートとセミドライトマトのヴィーガンピザ　1900円

トマトの旨みが広がる、香
ばしい本格ピザ

Shop Information

[電] 03-6205-8873　[住] 千代田区内幸町1-7-1 日比谷OKUROJI H08
[交] JR有楽町駅から徒歩5分　[時] 11:00 〜 22:00　（金・土曜は〜 26:00、日曜は〜 21:00）
[休] 無休

Take out **Delivery**

世 界 中 の 人 に 愛 さ れ る 、
オ リ エ ン タ ル ヴ ィ ー ガ ン の 世 界

神保町

Loving Hut
ラビングハット

Loving Hutは世界中に支店のある台湾発祥のオリエンタルヴィーガンの店。それぞれの店で独自のメニューを取り揃えており、日本の店舗には、精進料理でもおなじみのウナギのかば焼きもどきや、太巻きなど、日本ゆかりのメニューがあるのが特徴的。パンや焼菓子も置いており、どれもリーズナブルなので、日常的に利用しやすい。

もちろん、台湾ならではの中華風料理も取り揃えられている。点心や餃子も自家製の皮がすばらしく、植物性のものだけでできているおかげでたくさん食べても胃にもたれない。台湾の素食と同時に、日本の精進料理も体験できるのが楽しい。点心など冷凍宅配ができるものもあるので、要チェック。

**黒酢チャーシューまん、野菜まん、あんまん
各200円**

点心も本場仕込み

オリエンタルヴィーガンと
いえばこの店

Shop Information

[電] 03-5577-6880　[住] 千代田区神田神保町1-54 岡田ビル2F　[交] 地下鉄神保町駅より4分
[時] 11:30〜18:30（17:30LO）　[休] 日〜火曜、祝日　※不定休

Take out Delivery

ヴィーガンと、オーガニック

　オーガニックとは、栽培や飼育の方法として定義されるものなので、ヴィーガンとは異なり、動物性のものを避けるものではありません。化学物質を使用した肥料や農薬を避け、たい肥による土づくりを行った場所で生産された農産物はもちろんのこと、抗生物質等の化学物質を与えられずに、自然に近い状態で飼育された肉や魚、卵、乳製品をオーガニックといいます。

　環境にやさしいという点で、ヴィーガン生活を送るうえではオーガニックも欠かせない要素のひとつとなっています。そうでなければならないという決まりはありませんが、せっかく健康のため、地球環境のためになるのであれば、使われる食材や材料も、手間暇をかけて大切に育てられたものの方が良いという発想で、オーガニックを選択する人は多くなってきています。出来得る限り自然に近い状態のもの、量ではなく質に重心を置いて育てられた食材、原料。そうしてつくられた食材は味も香りも強いので、結果的においしく食べられるということにつながります。

　オーガニックという言葉も、ヴィーガン以上に早くからよく耳にする言葉となっていますが、世間でのオーガニックの浸透という点においてはまだまだ難しいのが現状です。大量消費型の経済はまだ残っており、手間暇のかかるうえに生産量も見込めないオーガニックで商売をするのは難しいというのが現実です。

　とはいえ、少しずつでも、オーガニックを掲げる企業も増えており、安心して食べられるもの、安全な食材という点で、オーガニックはヴィーガン以上に、今後のライフスタイルにおいてスタンダードとなっていくでしょう。また、オーガニックという大きな流れの中で、ヴィーガンも支えのひとつになっていくと考えています。

▲オーガニックコットンなど、
世界的にもオーガニックの注目度は高い

上野・浅草
Area

親しみやすい店の多いこのエリア
は、店のスタッフとの会話もはず
む。下町さんぽの途中で寄るのも
おすすめ

注目は多様性をイメージした、
レインボーカラーのケーキ

レインボーケーキ 880円
記念日やお祝い事に、ホール（4号4200円〜）で購入する人も多い

ヴィーガンチーズクリームジャスミンティー　Mサイズ600円／Lサイズ700円
植物性のチーズクリームですっきり飲める

田原町

松竹圓カフェ

しょうちくえんカフェ

All Vegan

Gluten Free	Alcohol Free	GMO Free	Caffeine Free	Sugar Free	Oriental Vegan

　台湾から来日する前、日本ならどこでも食事に困ることはないと思っていたというオーナーの岩橋さん。ところが実際に日本に来てみると、ヴィーガンやベジタリアンが日本で食事をするのは、大変なことだと思い知ったそう。そこで一念発起、自身でカフェをつくって受け皿になろうと観光客の多い浅草で松竹圓カフェを立ち上げた。店名は、台湾で「松」は長寿、「竹」は真っ直ぐな心・精神を表し、それが「円」となって広がっていくというイメージで名付けたという。

　人気メニューのレインボーカラーのヴィーガンケーキは人工着色料や添加物は一切使用せず、全て天然の野菜や果物で美しい色合いを表現。本格的な台湾茶や、台湾の伝統菓子、自家製ラー油などもあり、台湾素食をモダンに楽しめる。

イートインスペースもある

にゅーくまん　340円～
肉が入っていない肉まんということで名付けた

Shop Information

[電] 03-6802-8355　[住] 台東区西浅草2-7-6
[交] 地下鉄田原町駅より徒歩6分　[時] 10:00 ～ 17:00
[休] 土・日曜、祝日

Take out **Delivery**

素敵なものと、おいしいものが、
合わさってできる幸せの味

Menu

タルト（2カットセット）972円

テイクアウトで1カット購入の場合は486円。フルーツやナッツのタル
トが数種類。パウンドケーキはホールと単品がある

DAUGHTER BOUTIQUE

浅草

DAUGHTER BOUTIQUE

ドーター ブティック

All Vegan

| Gluten Free | Alcohol Free | GMO Free | Caffeine Free | Sugar Free | Oriental Vegan |

　肌のためにギルトフリーなおやつがほしいという思いでスイーツの販売を決めたDAUGHTER BOUTIQUE。もともとアパレルの業界にいたオーナーの堀川さんによる、デザイン性に優れたラインナップは、ギフトとしても重宝されている。通販が中心ではあるものの、店に足を運んで購入していく人も増えているそう。最近は薬膳クッキーをリリースしたり、オリジナルでコーヒー豆を販売したりと新しいチャレンジにも目が離せない。

　店内の設えは家具職人であるオーナーの父親に作ってもらったのだとか。父と娘の共同作業というところから、この店名は名付けられた。また、安全な食材で安心して食べられるものという意味も加え、親が子どもを思う気持ちを込めたそう。

合羽橋商店街から少し外れた
ところにひっそりとたたずむ

クッキー 680円〜

円筒ケース入り（680円〜）、タブレットクッキー（864円〜）、クッキー缶（3348円〜）など用途に合わせて選べる

Shop Information

[電] 03-6231-7074　[住] 台東区松が谷3-16-8 並木ビル1F
[交] つくばエクスプレス浅草駅より徒歩9分、または地下鉄入谷駅から徒歩9分
[時] 9:00 〜 18:00　[休] 水・日曜　　Take out　Delivery

おいしい食事は、
すばらしい人生そのもの

Guruatsu ランチ B　1390円／土曜のみ1490円

Menu

3種の野菜デリとメイン、リーフサラダ、ごはんに本日のスープが
ついたセット

稲荷町

Guruatsu

ぐるあつ

All Vegan

Gluten Free	Alcohol Free	GMO Free	Caffeine Free	Sugar Free	Oriental Vegan

　店に入った瞬間、マフィンの焼ける芳醇な香りに包まれる幸せの空間が待っている。おいしいものが好きな人（＝グルメ）が集まる場所、という意味で「Guruatsu（ぐるあつ）」と名付けたという。Good Meal、Good Life、をモットーにしており、開発に6年を費やした豆腐のマフィンは、オイルフリーで軽いため、毎日食べても飽きない味と評判。ランチも人気で、外食でもおいしい野菜をたっぷり食べられると、地元の人の憩いの場となっている。開店と同時に次から次へとテイクアウトや、イートインにと客足が絶えない。

　Guruatsuの近くには気軽にテイクアウトできる、ぐるあつスタンドもあるので、こちらも要チェック。

住宅街の中にあって、その空間だけ外国のよう

豆腐マフィン　299円〜

看板メニューのマフィンはファンも多い

Shop Information

[電] 03-5830-3700　[住] 台東区東上野4-21-6 宮沢ビル1F
[交] 地下鉄稲荷町駅より徒歩6分　[時] 11:00 〜 16:00
[休] 日曜、　祝日　※詳細はSNS参照

Take out　Delivery

体によいものを提供するために、
努力を惜しまないこと

ベジチキン南蛮 1380円

一番人気の大豆ミートでつくる定食はジューシーでボリューミー

NOURISH

駒込

NOURISH

ナーリッシュ

All Vegan

Gluten Free	Alcohol Free	GMO Free	Caffeine Free	Sugar Free	Oriental Vegan

　滋養のあるものを与える、奨励する、育成するといった意味のあるNOURISH。自然栽培の力強い味わいの野菜をたっぷり食べられる店として、会社も住宅も多い駒込で地元に根付き、愛されている。料理はボリューム満点で、菜食であることを忘れるほど満足感のあるメニューが豊富。オリジナルメニューも多いが、特に個性的でナチュラルテイストのオリジナルのコーラは試す価値あり。

　味噌づくりなどの教室も折々で開催されているので、チェックしておきたい。

都心にあってローカルな雰囲気
を味わえ、ちょっとした旅行気分

**ポテサラコロッケプレート
1380円**

地元の人に選ばれるメニュー

Shop Information

[電] 03-3944-8300　[住] 豊島区駒込1-37-8 コーポ市川2F　[交] JR・地下鉄駒込駅より徒歩1分
[時] ランチ11:30 〜 14:30 (14:00LO)、ディナー金・土曜17:00 〜 21:00 （20:00LO)
[休] 不定休　　　　　　　　　　　　　　　　　　　　　 **Take out** **Delivery**

フェイクミートと、その種類

　本格的なヴィーガンというと、「肉っぽいもの」さえも避ける人も多い印象があります。野菜が好きでヴィーガンを選んでいるのだから、肉のようなものも必要がないという人々です。とはいえ、さまざまな理由でヴィーガンを選択している人がいるので、中には肉っぽい食感のものも食べたいと願う人も多くいます。そうした人々によって、創意工夫されてきたのが、フェイクミート（代替肉）。日本では大豆を中心としたフェイクミートが多く流通しています。近年ではマルコメや伊藤ハムといった大手企業も続々と参入していて、外食産業でも、モスバーガーやバーガーキングなどがメニューに取り入れ始めています。

　この数年、ヴィーガンという言葉の拡散とともに、フェイクミートの種類も増加しています。特にアメリカでの開発は勢いがあり、ビヨンドミート社のフェイクミートはエンドウ豆を主軸にココナッツオイルやビーツなどで肉らしさを演出。アメリカのスーパーマーケットやケンタッキーフライドチキンのチキンナゲットにも使われています。インポッシブルフーズ社は大豆でフェイクミートをつくっており、バーガーキングやスターバックスなどで採用されています。日本国内においては香港発オムニミートの台頭も大きいですよね。オムニミートは大豆、エンドウ豆などを使っており、家庭用のものも販売されています。

　今回のガイドブック掲載店の中にも、オムニミートを知って、肉好きの人が店のメニューにヴィーガン対応メニューを加えたというところもありました。

　今や焼肉屋さんでもフェイクミートを出す時代。

　今後、フェイクミートの認知度が高まっていけば、ますます面白いメニューを目にする日も来るでしょう。

▲幸也飯（→P182）では、「オムニミート」の登場で、ヴィーガン弁当を実現させたそう

自由が丘・
三軒茶屋

Area

ヴィーガン専門店やメニューを出
す店が増えているエリア。自然体
で菜食を楽しめる

Menu

**玄米ごはんプレート
1540円（平日）**

旬のもの、仕入れ先の
もので毎日変化のある
総菜が並ぶ

そのたたずまいが郷愁を誘い、
その味に通いたくなる

中目黒

Alaska zwei

アラスカ ツヴァイ

All Vegan

Gluten Free	Alcohol Free	GMO Free	Caffeine Free	Sugar Free	Oriental Vegan

　オーナーの大皿さんにとって、ベルリンでの体験が大きな転機となった。若者たちが街の中でヴィーガン料理を囲んでいる姿は、当時、不思議な光景として目に映った。彼らに何故ヴィーガンを選択したのかを尋ねたところ、肉を食べられない仲間と食事をする時、ヴィーガンであれば誰でも食べられるからという。そのやり取りが印象的で、自分も誰もがおいしいと言って同じテーブルにつけるような店を開きたいと思うに至ったそう。

　Alaskaは、もともとベジタリアンカフェとして営業していた店であったが、そこが閉店するという話を聞いて、現オーナーの大皿さんが引継いだ。zwei（ドイツ語で「2」）の名を店名に加え、新たにヴィーガンカフェとして生まれ変わった。

ノスタルジックな雰囲気に
包まれる店内

**モーニングスープセット
1100円**

焼きたてのパンがうれしい
（9:00 〜 11:30）

Shop Information

［電］03-6425-7399　［住］目黒区東山2-5-7
［交］東急線・地下鉄中目黒駅より徒歩12分　［時］9:00 〜 18:00（水曜は〜 16:00）
［休］水曜

Take out　**Delivery**

地元の人が「おいしいもの」を求めて集う、
憩いの場、お惣菜売り場

学芸大学

ORGANIC RESTAURANT 野菜デリ Midorie

オーガニックレストランやさいデリミドリエ

Gluten Free　Alcohol Free　GMO Free　Caffeine Free　Sugar Free　Oriental Vegan

　学芸大学の駅前の雑踏を抜けたあたりに位置する店。健全に育てられた食材を使っておいしいものを提供したいという思いで、2001年に開業した。料理は生産者直送にこだわり、栄養価を損ねないように調理をしながら、素材の味を活かしつついかにおいしく食べてもらうかを考えてつくられている。パワフルなオーガニック食材や調味料を使って食材のおいしさを引き出した、安心して口にできる総菜にファンも多い。ふらりと立ち寄って、晩ごはんのおかずにお総菜を買って帰る。ときにはお店で食事をして帰る。そんな使い勝手のよさで、地元の人に安心な「おいしい」を提供し続けている。

**オーガニックデリチョイスセット4品
1530円**

3品1280円、5品1740円の組み合わせもある
※土・日曜、祝日のランチ・ディナーは価格が変わる

ビタミンカラーのオレンジ
が目印

Shop Information

[電] 03-5721-6655　[住] 東京都目黒区鷹番2-21-10 1F
[交] 東急線学芸大学駅より徒歩3分　[時] 11:30～20:00（ランチ11:30～15:00、ディナー17:30～20:00、テイクアウト11:30～20:00）　[休] 無休　**Take out** **Delivery**

**野菜のランチ
1320円**

米粉のパンがついてい
る野菜たっぷりのセッ
ト。彩り豊かなサラダ
は目にもおいしい

さまざまな食の習慣にこたえ、
一緒に食事の時間を楽しんでもらいたい

三軒茶屋

85BAL TEPPEN

ハッコー バル テッペン

Option

Gluten Free	Alcohol Free	GMO Free	Caffeine Free	Sugar Free	Oriental Vegan

オーナーシェフ舟木さんは、食習慣の違いがあっても、同じ場所で楽しく食事をする場所を提供したい、と店をオープンした。今ある自然を次世代へつなぐために、自然に育まれた安全な「食財」を使って、大切にていねいに料理を作ることを心がけているという。

また、生産者とのつながりも大切にしており、店内のボードにはその日使用する「食財」の生産者の名前がずらりと並ぶ。ランチの人気メニュー、「野菜のランチ」は、ボリューム満点で一皿でも大満足の一品。夜はバル営業もしている。予約時に伝えればヴィーガン、ベジタリアン、グルテンフリー、糖質制限、アレルギー対応も可能。

ゆったりとした時間を過ごせる場所

ランチセットの米粉パンは、外はカリッ、中はもっちり

Shop Information

[電] 03-6805-5773　[住] 世田谷区三軒茶屋 1-33-16 ニューヴィラ三軒茶屋 201
[交] 東急線三軒茶屋駅より徒歩2分　[時] ランチ火・水・金・土曜 12:00 〜 15:00（14:00LO）、
ディナー 18:00 〜 23:00（21:00LO）　[休] 無休　Take out Delivery

**ヴィーガンパンケーキ
（キャラメル＆バナナ）
1760円**

北海道産小麦を使用
したパンケーキは、想
像以上のボリューム

**彩り野菜の
焼きチーズカレー
1650円**

グリル野菜が華やかに
並べられたカレー。チー
ズも絶品

肌によいものは
食べてもおいしい

自由が丘

SHIRO CAFE
自由が丘店

シロ カフェ じゆうがおかてん

All Vegan

Gluten Free | Alcohol Free | GMO Free | Caffeine Free | Sugar Free | Oriental Vegan

　もともと、口にしておいしいものを肌にも使いたいという思いでコスメをつくってきたSHIROが、全国の選りすぐりの食材を使って始めたカフェ。日本古来の自然の恵みを余すことなく活用するということをコンセプトに、その未来型の商品にファンも多く、平日でも開店前から人が並ぶ。

　酒かすやがごめ昆布など、コスメにも使っているものを入れることで、ほかにはない独創的なヴィーガン料理が揃っている。コスメは北海道から九州までショップが展開されているが、カフェは北海道の砂川本店と自由が丘の2店舗。すべてがヴィーガン料理なのは、自由が丘店だけ。

シンプルで洗練された雰囲気

ヴィーガンパスタ（ヴィーガンミートソース＆酒かすパルミジャーノ）1430円

SHIROのコスメに使われている酒かすとがごめ昆布の風味で豊かに仕上がる

Shop Information

[電] 03-5701-9146　[住] 目黒区自由が丘2-9-14 アソルティ1F
[交] 東急線自由が丘駅より徒歩3分
[時] 11:00〜20:00　[休] 無休

Take out　Delivery

Menu

ヴィーガンわっぱ
1300円

オーガニックナッツを
衣に使った、ほかでは
味わえないコロッケが
メイン

Menu

ヴィーガン
かつカレー
1300円

かぼちゃをベースにつ
くられたフェイクミー
トのカツはボリューム
満点

力強い旬の食材を使った、
非日常の家庭料理

幸也飯

中目黒

幸也飯
ゆきやめし

Option

Gluten	Alcohol	GMO	Caffeine	Sugar	Oriental
Free	*Free*	*Free*	*Free*	*Free*	*Vegan*

　料理家の寺井幸也さんがプロデュースしたデリとケータリングの専門店。フェイクミートの進化によって、ヴィーガンメニューの導入を決めたという。長年、ケータリングをしてきて培った技術を、デリでも気軽に楽しめるのが魅力だ。メニューは力強い旬の食材を使い、常識にとらわれない発想力が光る。華やかな盛り付けや家庭料理らしいやさしい味つけにもファンが多い。

　ヴィーガン弁当は随時2〜3種類を常備。中目黒という土地柄、外へ持ち出してピクニック気分で食べるのもおすすめだ。人気のいなりずしやデリにもヴィーガン対応のものもあるので、店先で確認を。旬の食材をふんだんに使うため、季節によっては価格に多少の変動がある。

人気のいなりずし。弁当も含め、
注文が入ってから作る

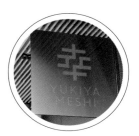

「幸」の字をあしらったロゴ
マークが目を引く

Shop Information

[電]03-5422-3518　[住]目黒区青葉台1-18-7 カスタリア中目黒T03
[交]東急線・地下鉄中目黒駅より徒歩6分　[時]10:00〜19:00　※テイクアウトは予約に限り7:00
より受け渡し可能　[休]水曜

Take out **Delivery**

Menu

ミートドーナツ
1個260円

大豆ミートソースがきっちり詰まったドーナツは、小腹が空いたときにもおつまみにも最適

Menu

ホットドッグ
オリジナル
640円

プレーンは490円。写真はサルサなどの野菜がトッピングされた「オリジナル」。ほか、チリコンカルネ（ヴィーガン）、マッシュルームクリーム（ヴィーガン対応可）

肉 を よ く 知 る 料 理 人 が 作 る 、
ジャンクなヴィーガンフード

中目黒

Bells中目黒 HOTDOG&SHAKE

ベルズ なかめぐろ ホットドッグ アンド シェイク

Gluten Free	Alcohol Free	GMO Free	Caffeine Free	Sugar Free	Oriental Vegan

　店主の柿内さんと鈴江さんは、みんなが楽しめる食事の場を日本にも作りたいという思いがあったという。そして、ほかにはない唯一無二のヴィーガンソーセージを作り上げた。そのソーセージを使って出店したのがBells 中目黒 HOTDOG&SHAKE。

　蛍光ピンクの壁、古い写真、バスストップボタン、スケートボードなどが並ぶポップでキッチュな店内の雰囲気は、NYスタイルをベースにデザインされたもの。ホットドッグとシェイクのヴィーガンジャンクは土・日曜、祝日限定。平日の居酒屋営業でも餃子やTACOライスなどのヴィーガンメニューがある。

ポップな店内は明るい雰囲気

閑静な住宅街の路地裏に突如現れるネオン

Shop Information

[電] 03-5708-5746　[住] 目黒区上目黒2-44-16 ホークパレス中目黒1F
[交] 東急線・地下鉄中目黒駅より徒歩5分　[時] 18:00 〜 4:00（土・日曜、祝日は12:00 〜）
[休] 火曜　　　　　　　　　　　　　　　　　　Take out　Delivery

サ ス テ ナ ブ ル な フ ァ ス ト フ ー ド 、
軽 や か な フ ァ ラ フ ェ ル ス タ ン ド

中目黒

Ballon

バロン

All Vegan

| Gluten Free | Alcohol Free | GMO Free | Caffeine Free | Sugar Free | Oriental Vegan |

　「作ってあげたい彼ごはん」のレシピ本シリーズで知られるフードコーディネーターの岡田史織さんがプロデュースした、100%植物性でつくられるファラフェルサンドの店。ヴィーガンフードの軽やかさにちなんで、「飛んでいるときの軽い動き」を表すBallonというバレエ用語を店名にした。中目黒の駒沢通り沿いにあって、街歩きの若者や外国人が、ファラフェルやソフトクリームを目当てに集う。ワンハンドで食べられるファラフェルサンドが人気なのはもちろんのこと、ヴィーガンソフトは豆乳と甘酒をベースに砂糖不使用でつくられており、カラフルなラインナップもあって、暑い時期は特に人気。

外国人客も多く、海外のお店
のような雰囲気

**vegan ソフトクリーム
540円**

軽やかで後味スッキリ。暑
い日には特に人気の逸品

Shop Information

[電] 03-3712-0087　[住] 目黒区中目黒3-2-19 ラミアール中目黒104
[交] 東急線・地下鉄中目黒駅より徒歩5分　[時] 11:00 〜 18:00
[休] 不定休

Take out Delivery

Menu

**ランデヴーの
ハンバーグ　1650円**

ハンバーグも付け合わ
せのから揚げも、本物
のような仕上がり

Menu

**ランデヴーの
ラーメン　1200円**

味噌等、発酵食品を多
用してつくった、体の
芯から温まるラーメン

時代のニーズに応えてきた、
ジャパニーズヴィーガンの草分け

中目黒

RAINBOW BIRD RENDEZVOUS

All Vegan

レインボー バード ランデヴー

| Gluten Free | Alcohol Free | GMO Free | Caffeine Free | Sugar Free | Oriental Vegan |

　ヴィーガンという言葉が日本で馴染みのなかったころから、長年に渡ってヴィーガンの料理を提供してきたお店。店主の菅原さんは、10年前に比べると、若い客が増えてきたと話す。地球と人にやさしいということをモットーに、オーガニックの食材で作った食事を提供しながら、あるいはオーラソーマーのセラピーをしながら、地域に根差したコミュニティを形成してきた。

　創意工夫と長年に渡る経験に基づく料理は、環境や体のこともさることながら、まずはおいしいことがベースとなっているため、多くの人に愛されている。デリバリーの弁当やケータリングも好評。

穏やかな午後のひとときにも
ピッタリな落ち着いた雰囲気

お店は目黒銀座商店街を真っ
すぐ行った突きあたりにある

Shop Information

[電] 03-3791-5470　[住] 目黒区祐天寺1-1-1 リベルタ祐天寺1F　[交] 東急線・地下鉄中目黒駅より徒歩7分　[時] 月・木・金曜は、11:30 〜 19:00LO、土・日曜は、11:30 〜 16:00、17:30 〜 20:00LO、祝日は、11:30 〜 19:00LO　[休] 火・水曜　**Take out** **Delivery**

世界のヴィーガン事情と、日本

　ヴィーガンの中心は欧米で、特にイギリスとアメリカに多いことはご存知ですか？　イギリスでは460万人で人口の約7%、アメリカでは2000万人で人口の約6%がヴィーガンであるといわれています。イギリスはもともとベジタリアンが多い土地柄で、ベジタリアンやヴィーガンという概念の発祥の地として知られています。アメリカでは特にニューヨークが中心となっていて、どんなジャンルの食べ物にもヴィーガン食があるというくらいに選択肢があります。ドイツでは10人に1人がベジタリアンかヴィーガンで、中でも移民の多い首都ベルリンでは人口の15%を占めるほど！　台湾では素食という仏教的概念を背景とした菜食文化が根付いており、刺激の強いニラやニンニク、ネギなどを口にしないオリエンタルベジタリアン、乳製品も口にしないオリエンタルヴィーガンがいます。

　世界的にヴィーガンやベジタリアンが増えている理由のひとつとして大きいのは、環境問題。世界の人口が増加する中、畜産をこのままの流れで続けていけば、メタンガスの影響で温暖化が加速し、食糧不足に襲われると予測されています。これを受けて、世界の著名なセレブリティがベジタリアンやヴィーガンのライフスタイルを宣言しており、その影響で人々の関心や認知度が高まっています。

　日本でも、成田空港や羽田空港、都内の大きな駅といった、さまざまなライフスタイルの人が集まる場所を中心に、ヴィーガン食を選択できる機会が増えてきています。日本のヴィーガン人口は2016年の時点で全体の2.7%、340万人もいると推定されています。この1、2年でヴィーガンやプラントベースといった言葉が注目されつつあり、今後もヴィーガン人口の増加と共に、世界レベルでヴィーガンというライフスタイルが活気づくと考えられています。

▲空港や駅ビルで見かけるようになった「T'sたんたん」の担々麺。T'sRestaurant（→P28）の姉妹店。

その他
Area

下北沢を中心に西東京のエリアにもヴィーガン料理を食べられる店が増えている。東京に加え、観光エリアとしても人気の横浜の厳選4店もご紹介

NYで伝説のヴィーガンハンバーガーが、
日本に上陸

TFT　900円

NYで人気のフライド
バーガー。衣がザクザ
クで驚きの食べごたえ

Menu

**スペリオリティー
バーガー　800円**

雑穀やスパイスなど
を配合したオリジナ
ルパテが人気の定番
バーガー

下北沢

SUPERIORITY BURGER

スペリオリティー バーガー

All Vegan

| Gluten Free | Alcohol Free | GMO Free | Caffeine Free | Sugar Free | Oriental Vegan |

　NYで伝説的な人気を誇るヴィーガン専門店のハンバーガーショップSUPERIORITY BURGERが、海外初進出先に選んだのが日本。本店の雰囲気を踏襲してデザインされた店内は、外国人客も多く、国際色豊かな空間となっている。誰もが感動する味のパンチとボリュームは、食材やスパイスの巧みな調合と手間暇かけた仕込みによって生み出されている。動物性の料理に寄せるだけではない、クリエイティブで遊び心のあるメニューの数々が、ファンの心を掴む。本場のヴィーガンバーガーの迫力を日本にいながら味わえるだけでなく、オーナーシェフ自らが日本の食材を使って考案したオリジナルメニューも魅力のひとつ。NYから東京へ、そして世界へと羽ばたく。

ドラマー経験のあるオーナーの
私物もあるという店内ポスター

ジェラート　700円

季節ごとにさまざまなフレーバーが登場するので要チェック

Shop Information

［電］未定　［住］世田谷区代沢5-33-7 BEE FIVE SHIMOKITAZAWA 1F
［交］小田急線・京王線下北沢駅より徒歩5分　［時］11:00 〜 18:00
［休］月曜

Take out Delivery

Menu

**メロンパン　336円／クロワ
ッサン　356円／いちごとベ
リーのタルト　550円**

人気のメロンパン、クロワッサン。
季節のフルーツのパンも総菜の
パンも、その都度試したくなる

日 本 に い る こ と を 思 わ ず 忘 れ 、
北 極 圏 の 温 も り の 中 に い る 錯 覚 に

世田谷代田

Universal Bakes and Cafe

ユニバーサル ベイクス アンド カフェ

「普遍的」という意味のある「Universal」。「Universal Bakes」は、誰にでも届く食べ物をつくりたいという思いが込められているという。ヴィーガンであってもなくても、国や宗教が違っても、おいしいものを作って食べてもらいたいという思いでUniversal Bakes and Cafeは作られた。店にはメロンパン、シナモンロール、クロワッサンなど、ヴィーガンでつくられたとは思えないパンが並ぶ。日本独自に進化したメロンパンをはじめ、あんパンや食パン、ミルクフランスなど、日本人にはなじみがあり、外国人にも楽しんでもらえるメニューの数々は、卵や乳製品にアレルギーのある人も楽しめる。食材も丁寧に作られているもので、自分たちがおいしいと思うものを基準に選んでいるだけに安心感がある。

**旬の野菜たっぷりの
本日のスープ　865円**

タルタルコロッケサンド(631円)との組み合わせが人気

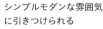
シンプルモダンな雰囲気に引きつけられる

Shop Information

[電] 03-6335-4972　[住] 世田谷区代田5-9-15

[交] 小田急線世田谷代田駅より徒歩2分　[時] 8:30 ～ 18:00　[休] 月・火曜 (月曜が祝日の場合は火・水曜が定休)

Take out Delivery

みんなで同じごはんを食べて、
笑顔で元気になる

高円寺

Rect. Sand Café

レクト サンド カフェ

All Vegan

| Gluten Free | Alcohol Free | GMO Free | Caffeine Free | Sugar Free | Oriental Vegan |

　2012年にホットサンド専門店として創業、客にアレルギーを持っている人がいたり、宗教の戒律で食べられないものがある外国人がいたりすることを受け、誰もが食べられるものを提供したいとヴィーガンを選択した。店名は英語で長方形を意味するrectangle〔レクタングル〕に由来しており、店のキャラクターも長方形のホットサンドの形を表している。

　老若男女、居場所を求めている人たちのための店になりたいと語る店主の毛利さん。メニューすべてがヴィーガンであることを知らずに通っている人もいるそう。グルテンフリー、アルコールフリー、カフェインフリー、五葷〔ごくん〕対応も可能なので相談を。

**日替わりおやつセット
550円**

おいしいものを少しずついろいろ楽しめる

奥に小上がりがある
家庭的な雰囲気

Shop Information

[電] 03-5929-9207　[住] 杉並区高円寺3-54-14 1F　[交] JR高円寺駅より徒歩5分
[時] 11:30 ～ 20:30（19:30LO）
[休] 日曜

Take out **Delivery**

レ ン タ ル ス ペ ー ス と し て も 活 用 で き る 、
食 で 遊 べ る 多 目 的 ア ト リ エ

下北沢

ヴィーガン創作家庭料理 KLASINA

All Vegan

ヴィーガンそうさくかていりょうり クラシナ

Gluten Free	Alcohol Free	GMO Free	Caffeine Free	Sugar Free	Oriental Vegan

　下北沢の繁華街を少し外れたところにある。アトリエを貸し切った食事会（3時間制）のほか、テイクアウトの惣菜販売や弁当の宅配、ケータリングが楽しめる店だ。ちょっとした集まりがあるとき、夕食の惣菜としてなど、いろいろな使い方ができるので何かと重宝。9種類のおかずがセットになったヴィーガン惣菜パックは、デリバリーのみで注文が可能。店頭販売では日替りのおすすめメニューが購入できる。

　自家製調味料のドレッシングや、ソースなどに万能なヴィネグレットソース、炭酸水やビールで割って楽しめるジンジャーシロップ、焼菓子など、アットホームな雰囲気の食材がおしゃれなデザインで販売しているのでぜひ揃えたい。

アトリエ名物 みんな大好き 車麩フライ

自家製リンゴたれと相性抜群の、車麩のフライは一番人気。写真は4500円のコース料理のひと品

アトリエというのがぴったり。シンプルさがおしゃれ

Shop Information

[電]03-3466-3596　[住]世田谷区北沢3-26-6 本堂1 1F　[交]小田急線・京王線下北沢駅より徒歩4分　[時]貸切食事会18:00 〜 23:00の間で3時間（LOは終了30分前）、惣菜テイクアウト「ゲリラ販売」金〜日曜16:00 〜 21:00 ※デリバリー販売の営業日は「ゲリラ販売」に準ずる　[休]不定休　**Take out** **Delivery**

下北沢らしいカフェでいただく、
アメリカンヴィーガンの魅力

Menu

ヴィーガンビーンズカレー 1100円

ひよこ豆をつかったカレーライス

ヴィーガンミートオーバーライス 1100円

NYで定番のチキンオーバーライスを、ヴィーガンで

cafe garage Dogberry

下北沢

cafe garage Dogberry

カフェ ガレージ ドッグベリー

Option

| Gluten Free | Alcohol Free | GMO Free | Caffeine Free | Sugar Free | Oriental Vegan |

下北沢の路地裏の一角。ゆったりと座れるソファと、ぬくもりを感じる木のテーブル。英字新聞のような、おしゃれなメニュー表。カフェとしても、お酒を楽しむ場所としても利用したくなる店だ。デトックスウォーターなど、4種類のオーガニックアイスティーが飲み放題になっていて、つい長居してしまう。厳選素材で旬の食材を提供したいという思いで、高円寺に続き、下北沢に2号店としてオープンした。

アメリカのガレージをイメージしたという店はフレンドリーで、路地裏、住宅街、店がひしめき合う環境は、いかにも下北沢という雰囲気。肩ひじはらず、ヴィーガン料理を楽しもう。

ヴィーガンフローズンサンド
715円

スイーツもぜひ試したい

個性的な外観も、住宅街に
馴染む

Shop Information

[電] 03-6804-9292　[住] 世田谷区北沢2-29-16 高木ビル1F
[交] 小田急線・京王線下北沢駅より徒歩2分　[時] ランチ10:00 〜 17:30、ディナー 17:30 〜 25:00
(24:00LO)　[休] 無休

Take out　**Delivery**

Menu

**国産大豆の手づくりま
めコロッケ　1400円**

ごはんと味噌汁がセット。
オーガニックサラダ付き

喧 騒 の 街 中 に あ っ て 、
く つ ろ ぎ と 癒 し の 食 が あ る 店

下北沢

cafe Stay Happy

カフェ ステイ ハッピー

Option

| Gluten Free | Alcohol Free | GMO Free | Caffeine Free | Sugar Free | Oriental Vegan |

　下北沢の繁華街、下北沢南口商店街を抜けてすぐの信号で立ち止まる。見上げるとそこに「Stay Happy」の文字が見える。幸せのままでいるという意味の店名のとおり、店の中はゆったりとした雰囲気にあふれている。

　cafe Stay Happy には、一部ハンモックが備え付けられている席がある。キャンプ、グランピング、自宅でハンモックという人も増えている中、購入する前に、まずはここで試してみるのもよいかもしれない。このハンモックを目当てに、席を予約して訪れる人も少なくないという。夏はハンモック、冬は炬燵が登場する店内は、時間を忘れて、思わず長居すること間違いなし。

幸せな気分になれそうな
ロゴの看板

夏にはハンモックが
つるされる

Shop Information

[電] 03-3410-5959 　[住] 世田谷区代沢 2-29-14 宮川ビル 2F
[交] 小田急線・京王線下北沢駅より徒歩 5 分 　[時] 12:00 〜 21:00（日曜は〜 20:00）
[休] 火曜、第 2 水曜 　　　　　　　　　　　　**Take out** **Delivery**

Menu

**ベジ & グレイン
デリプレート
1250円**

お惣菜と汁物（味噌汁
or本日のスープ）の
付いた玄米プレート。
お惣菜がたっぷり。ド
リンクセットはプラス
100円〜（ランチタイ
ムのみ）

屋 根 裏 部 屋 の よ う な 、
ファ ン タ ジ ッ ク な ウ キ ウ キ 感

高円寺

vege & grain cafe meu nota

All Vegan

ベジ アンド グレイン カフェ メウ ノータ

| Gluten Free | Alcohol Free | GMO Free | Caffeine Free | Sugar Free | Oriental Vegan |

高円寺の町を歩いていて、ふと気になる場所がある。目指して行かないと見落としてしまうかもしれないような、ほかの景観に紛れたところに、vege & grain cafe meu notaの入口がある。出てくる料理はどれも創意工夫と技術が感じられ、ひとつひとつ手が込んでおり、ヴィーガンであってもなくても訪れたくなる。店の空間の作りも独特で、絵本の扉を開けたような幻想的な雰囲気。この高揚感も、再びここへ来たいと感じる要因のひとつといえる。店内でイベント開催時には営業時間が変わるので、ホームページをチェック。グルテンフリーやアルコールフリーなど気になるところは相談を。一部対応メニューもあるそう。

別世界へ誘われるような雰囲気の階段を上がる

桑の葉抹茶ソイラテ
450円

たっぷりのったフォームがうれしい

Shop Information

[電] 03-5929-9422 [住] 杉並区高円寺南 3-45-11 2F
[交] JR高円寺駅より徒歩5分 [時] ランチ12:00 〜 15:30（14:30LO）、ディナー 17:30 〜 22:30
（21:30LO） ※水曜はディナーのみ営業 [休] 月・火曜 **Take out** Delivery

Menu

**いちごとチョコチップ
のマフィン　550円**

季節のマフィンが楽し
める

Menu

レモネード　650円

スッキリさわやか。食
後にピッタリ

Menu

**本日のご飯プレート
ランチ　1320円／
ディナー　1450円**

メイン、デリ3種、サ
ラダ、玄米ご飯or七
分つきご飯のセット

静かで落ちついた空間で、
ゆったり癒し時間を楽しむ

荻窪

cafe Bask

カフェ バスク

荻窪駅から徒歩10分ほど、国道311号線沿いにある。荻窪の繁華街から少し離れたところにあるため、国道沿いにありながら、静かな隠れ家のような雰囲気で、不思議な趣がある。

やさしい味とゆったりとした時間で地域の人たちの癒しの空間となっているcafe Bask。素材の味を活かした料理の数々は、疲れた体の強い味方。しっかりした味付けでお酒との相性も抜群。夜もゆったり、ヘルシーデリを楽しむことができる。健康的にお腹がいっぱいになれる店として評判だ。

厳選食材をやさしい味で仕上げており、ボリュームもあってリーズナブルなので足繁く通いたくなるお店のひとつ。

オレンジの看板が目を引く

やわらかな光と木製の
インテリアで癒しの空間

Shop Information

[電] 03-5397-3199
[住] 杉並区上荻2-30-16　[交] JR荻窪駅より徒歩10分
[時] 12:00 〜 23:30　[休] 木曜

Take out **Delivery**

新進気鋭のシェフが手がける、
本格イタリアンをヴィーガンで

Menu

**ヴィーガン
カルボナーラ
1718円**

パスタの神と言われる
シェフのスパゲッティ
は、ぜひ食べておきたい

Menu

**湯葉の
赤ワインソテー
野菜デミグラスソース
1600円**

トロトロの湯葉がソー
スとからんで口の中い
っぱいに広がる

吉祥寺

momento

モメント

　都内でも緑豊かな吉祥寺にある momento のオーナーシェフの有本さんは、本場イタリアで修行を積み、作り出すパスタは神業と評判になった実力派。現地でもその腕で客を魅了してきた。イタリアのアグリツーリズモで料理長を務めた妻・紗奈さんとともに、momento を結成。日本でおいしいイタリアンを提供しながら、スローフードなどを通じたライフスタイル、地産地消など、文化として発信し続ける。

　ランチは3種類（1650円〜）、選ぶものでヴィーガンのセットとなる。ディナーのヴィーガンコース料理は7480円。アラカルトもヴィーガン用のものがあるので、どちらも楽しみたい。

細かいところまで気を使った明るい店内

井の頭公園近くの、緑あふれる環境

Shop Information

[電] 070-4002-5496　[住] 武蔵野市御殿山1-3-9 1F-C　[交] JR吉祥寺駅より徒歩5分
[時] ランチ11:30 〜 14:00（13:30LO）、ディナー17:30 〜 21:00（20:30LO）
[休] 不定休

Take out **Delivery**

2007年にヴィーガンを導入した、
先駆的なカフェ

仙川

KICK BACK CAFE

キック バック カフェ

Option

Gluten Free	Alcohol Free	GMO Free	Caffeine Free	Sugar Free	Oriental Vegan

　日本にはまだヴィーガンという言葉が浸透していなかった2007年に、いち早くヴィーガンメニューを導入したKICK BACK CAFE。創業当時から受け継がれている「まめらー」は、ファンの多い豆乳仕立てのラーメンだ。ラーメンというより、もはや「まめらー」という新しい食べ物だと思ってほしいと店長の柳田さんは熱く語る。食に対する鋭い感覚と和やかな雰囲気が人気で、近隣地域の人もよく集い、食を通じて人々が交流を重ねている。

　オーナーがミュージシャンということもあり、店内ではライブ等のイベントを開催できるステージスペースも設置。自社で番組を企画制作し、インターネットで配信もしている。

ホームセンターとファミレス
の間にある

テンペサンドDX
1320円

インドネシアの伝統的発酵食品
テンペの癖が抑えられている

Shop Information

[電] 03-5384-1577　[住] 調布市若葉町2-11-1 パークスクエア武蔵野1F
[交] 京王線仙川駅より徒歩5分　[時] 11:00 〜 21:00　※ライブイベントにより変動あり。詳細は
HP参照　[休] 月曜

Take out **Delivery**

Menu

**今週のベジランチ
1100円**

デリたっぷりの1番人気。
テイクアウトのベジラン
チ弁当は1000円

Menu

**米粉のグルテン
フリーパスタ
700円**

220円プラスで
サラダセットに

米 粉 と 麹 好 き の ヴ ィ ー ガ ン 母 と 、
肉 好 き 娘 が つ く る カ フ ェ ご は ん

Option

向ヶ丘遊園

Fete le marche

フェット ル マルシェ

| Gluten Free | Alcohol Free | GMO Free | Caffeine Free | Sugar Free | Oriental Vegan |

　生まれた子どもにアトピーやアレルギーがあり、それをどうにかしようと奮闘していたときに、自身が子どものときに母親に作ってもらった味を思い出したというヘルシーフーディストのKumiさん。素材を選んで、手作りの味を自分の子どもに食べてもらいたいという思いで、お菓子づくりに邁進してきたという。それを発端に、ヴィーガンのカフェレシピも考案し、同じように食べるものに制限のある人にも喜んでもらいたいとFete le marcheはつくられた。

　定期的に料理やスイーツづくりの教室も開催しているので、ヴィーガンケーキを自宅でも作ってみたい人はぜひ。

ナチュラルな雰囲気の店内

ガトーショコラ　500円

紅茶とともに、ゆったり気分で味わいたい

Shop Information

[電] 044-299-9833　[住] 川崎市多摩区登戸1831-1
[交] 小田急線向ヶ丘遊園駅より徒歩5分　[時] 11:30 ～ 18:00（17:30LO）
※テイクアウトは～ 18:30（18:00LO）　[休] 月曜

Take out **Delivery**

**M'sベジタル
バーガー
1200円**

ソイミートパテ。ヴィ
ーガン仕様のパンは、
ベーカリーならでは
※グルテンフリー対応可

横浜の老舗ベーカリーが提案する、
幸せな食事の時間

横浜／石川町

M's Table POMPADOUR

エムズ ターブル ポンパドウル

All Vegan

| Gluten Free | Alcohol Free | GMO Free | Caffeine Free | Sugar Free | Oriental Vegan |

バランスの取れた食生活から健康を維持することこそ大切と考える M's Table POMPADOUR は、横浜ではベーカリーとしておなじみのポンパドウルが手掛けるヴィーガンレストラン。M は元町と「みんな」の頭文字を表し、「食卓（Table）」をみんなで囲むことで「咲顔（えがお）」になり、健康で幸せになってほしいという願いが込められている。

味にも見た目にもこだわって作りあげた老舗ベーカリーのメニューは、どれも渾身の逸品ばかり。外国人の多い横浜ならではの感覚で、持続可能な社会を目指している。連日、予約の絶えないレストランとして人気が高い。アレルギー対応には予約時の確認が必要なので問合せを。

アットホームな雰囲気ながら
すっきりとおしゃれな店内

ヴィーガンプリン　500円

有機豆乳、ココナッツミルク、カボチャパウダーを使った味わい深いプリン

Shop Information

[電]045-228-8853　[住]横浜市中区元町 4-171 ポンパドウルビル 2F
[交]JR石川町駅より徒歩4分　[時]11:00 〜 22:00（21:15LO）　[休]月曜不定休　（祝日の場合は翌日）
Take out **Delivery**

Menu

ヘルシーセット
1680円

ランチタイムのヘルシ
ーセット。見た目も食
感もエビそっくりの炒
め物など、お得感満点

台湾素食で中華街満喫、
オリエンタルヴィーガンならここ

横浜／元町・中華街

好記園

こうきえん

Option

| Gluten Free | Alcohol Free | GMO Free | Caffeine Free | Sugar Free | Oriental Vegan |

中華街にもヴィーガン対応している店はずいぶん増えたが、台湾素食に由来したヴィーガンのメニューを多数取り入れている店といえば、好記園。台湾素食は五葷抜きに対応したオリエンタルベジタリアンが基本なので、乳製品や卵が使われることもあるが、好記園はオリエンタルヴィーガンに対応しており、安心して本格的な台湾流の中華料理を味わうことができる。メニューも豊富でvegan麻婆豆腐や、veganちまきなど中華料理の定番メニューが揃う。予約で豪華なヴィーガンホールケーキも注文できるので、誕生会などでも利用したい。

中華街にあり観光にも便利

豆乳の担々麺　1100円

本格派の味わいで人気

Shop Information

[電] 045-641-8868　[住] 横浜市中区山下町106　[交] みなとみらい線元町・中華街駅より徒歩3分
[時] 11:00 〜 22:00（21:00LO）、木曜は11:00 〜 15:00
[休] 無休

Take out　Delivery

Menu

**ランチプレート
1760円**

ソフトドリンク付き。
いろいろなものを少し
ずつ。まるで大人のお
子様ランチのよう

横浜駅からほど近い、
ゆるやかな時が流れる隠れ家的カフェ

横浜／横浜駅周辺

Rallentare

ラレンターレ

All Vegan

Gluten Free	Alcohol Free	GMO Free	Caffeine Free	Sugar Free	Oriental Vegan

　音楽用語で「だんだん緩やかに」を意味するRallentare。その名のとおり、忙しい毎日を過ごす中で、店へ行けばゆったりとリラックスしていく。その時間の流れの中で、ついうとうとしてしまうような雰囲気さえ漂っている。

　横浜の「食」と「農」をつなぎ、地産地消を担うために、横浜市主催の講座を修了した「はまふぅどコンシェルジュ」に認定されている店主の宮古さん。手間をかけてつくられた食材を、丁寧に扱って使い切り、心にも身体にもおいしい食事を提供している。みんながそろって食べられる、おいしくて体によくて楽しい空間をつくりたいという思いで構えた店は、憩いの場として人気だ。

一軒家の1階部分がカフェスペースになっている

ティラミス、ラムレーズンサンド、パウンドケーキ　各660円

見た目も口当たりもやさしい

Shop Information

[電] 045-312-5533　[住] 横浜市神奈川区台町18-10 1F
[交] JR横浜駅より徒歩8分　[時] ランチ11:30 〜 15:00 ／ディナー（予約制）18:00 〜 23:00
[休] 日〜火曜、祝日
Take out **Delivery**

ハワイで人気の有名ヴィーガンカフェ、
横浜にカレー専門店誕生

横浜／横浜駅周辺

Peace cafe 横浜ジョイナス店

All Vegan

ピース カフェ よこはまジョイナスてん

Gluten Free	Alcohol Free	GMO Free	Caffeine Free	Sugar Free	Oriental Vegan

　Peace Cafeといえば、ハワイで人気の有名ヴィーガンカフェ。おいしく、楽しく、からだにやさしいヘルシーな食事を提供したいと、2010年に誕生した。その店の中でもリピーターが絶えないという人気のヴィーガンカレーの専門店が横浜にオープン。14種類のオリジナルスパイスを配合し、ココナッツのルウで作るオリジナルスパイスカレーをベースに、日本独自のカツカレーや唐揚げカレー、ハンバーグカレーなどのメニューがある。

　なお、ごはんは白米での提供となる。追加のセットメニューとしてサラダ、スープ、デザートもつけられる。テイクアウトの揚げたてカレーパンも人気の逸品。

横浜駅西口、相鉄ジョイナス
ダイニングの地下1階

ナチュラルテイストで、落
ち着いた雰囲気

Shop Information

[電] 045-620-0144　[住] 横浜市西区南幸 1-5-1　相鉄ジョイナス B1F
[交] JR横浜駅より徒歩1分　[時] 11:00 〜 22:00
[休] 不定休　※横浜ジョイナスに準ずる

Take out **Delivery**

ヴィーガン食材が購入できるSHOPはココ！

　ヴィーガン用の食材は一般的なスーパーマーケットでは手に入りにくく、ヴィーガンの専門店やヴィーガン食材を取り扱っているショップ、インターネットで購入することができます。ヴィーガンメニューを提供するカフェやレストランでは、店で作ったヴィーガンメニューを冷凍し、ネット通販で販売しているところもあります。

　ここでは代表的なヴィーガンの専門店や通信販売ショップを紹介します。

☑ ヴィーガン御用達食材 SHOP

ナチュラルマート

[電] 03-6408-2528
[住] 渋谷区広尾 5-19-5 広尾フラワーホーム102
[時] 11:00~19:00　[休] 無休

こだわりや 新宿店

[電] 03-5321-6721
[住] 新宿区西新宿 1-5-1 小田急百貨店ハルクフード B2F
[時] 10:00~20:30（日曜・祝日は、~20:00）
[休] 臨時休業あり

オーサワジャパン直営店

[電] 03-6701-3277　[住] 目黒区東山 3-1-6 CIビル
[時] 11:00~20:00
[休] 無休

ビオセボン

[電] 03-6435-4356　[住] 港区麻布十番 2-9-2
[時] 9:00~22:00
[休] 無休

※麻布十番のほか、赤坂、竹芝、青山、銀座、四谷三丁目、中目黒、碑文谷、武蔵小山、池尻、二子玉川、外苑前、富ヶ谷、明治神宮前、恵比寿、池袋、立川、町田などに店舗があるので要チェック。

ボンラスパイユ 西武新宿ペペ店

[電] 03-5287-1831
[住] 新宿区歌舞伎町 1-30-1 西新宿ペペ B2F
[時] 10:00~22:00　[休] 西武新宿ペペに準ずる

ムスビガーデン桜新町店

[電] 03-5426-5088　[住] 世田谷区桜新町1-21-15
[時] 10:00~20:00
[休] 水曜

FOOD & COMPANY

[電] 03-6303-4216　[住] 目黒区鷹番3-14-15
[時] 11:00~21:00
[休] 無休

☑ 通販SHOPサイト

ベジタリアン食材ショップ かるなぁ		Green's Vegetarian	
Good Good Mart		ベジタス オンラインストア	
オーガニック＆ナチュラルフード HEARTY FOODS ネットショップ		Veggie Market ハーモニーガーデン 大地のたより	
AIN SOPH. ONLINE STORE #おうちアインソフ (→P16)		CHAYA Macrobiotics (→P26)	
T's Restaurant (→P28)		※ここに掲載されている以外にも、本書で紹介した店舗で、通信販売ショップを開設している場合があります。	

▶ 「Bene」の通販もチェック

サステナブル、エシカル、ヴィーガン情報が集まるソーシャルメディア「Bene」でも、アプリ内で紹介している商品を購入できます。

[検索] Bene サステナブル エシカル ヴィーガン

JAPAN VEGAN SOCIETY

日本ヴィーガン協会公式
ヴィーガンレストランガイド 東京

初版印刷　2021年8月15日
初版発行　2021年9月1日

監修	特定非営利活動法人 日本ヴィーガン協会

編集人	福本由美香
発行人	今井敏行
発行所	JTBパブリッシング
	〒162-8446　東京都新宿区払方町25-5
	編集…03-6888-7860
	販売…03-6888-7893
	https://jtbpublishing.co.jp/

編集・制作	情報メディア編集部
企画・編集・執筆	株式会社AIS
	(津田容直、石橋明子、
	津田麻希子、若林由香里)
デザイン	庄子佳奈(marbre plant inc.)
撮影・写真協力	糸井康友、林仁
組版	エストール
印刷所	佐川印刷

●本誌掲載のデータは2021年6月現在のものです。発行後に、料金、営業時間、定休日、メニュー等の営業内容が変更になることや、臨時休業等で利用できない場合があります。また、各種データを含めた掲載内容の正確性には万全を期しておりますが、営業状況などは、大きく変動することがあります。おでかけの際には電話等で事前に確認・予約されることをお勧めいたします。なお、本誌に掲載された内容による損害等は弊社では補償いたしかねますので、予めご了承くださいますようお願いいたします。●本誌掲載の料金は、原則として取材時点で確認した消費税込みの料金です。ただし各種料金は変更されることがありますので、ご利用の際はご注意ください。●交通表記における所要時間はあくまでも目安ですのでご注意ください。●定休日は原則として年末年始・お盆休み・ゴールデンウィーク・臨時休業を省略しています。●本誌掲載の利用時間は、原則として開店(館)〜閉店(館)です。ラストオーダーや入店(館)時間は、通常閉店(館)時刻の30分〜1時間前ですのでご注意ください。ラストオーダーはLOと表記しています。